指導から
評価まで
すべてが
分かる！

新学習
指導要領
対応

中学校

テッパン
題材モデル

JN022051

第**1**学年

竹井 史・中村 僚志 監修

中村 僚志・牛山 晴登・寺田 眞一 編著

愛知県造形教育研究会 著

明治図書

はじめに

　今回の学習指導要領改訂では，図画工作科で身に付けた資質・能力をもとに，中学校美術科における「知識・技能」「思考力・判断力・表現力等」「学びに向かう力・人間性等」の３つの資質・能力の観点から整理されました。その中では，表現活動や鑑賞活動を通じ，造形的な見方や考え方を働かせながら，子どもたちを取り巻く生活や社会にある様々な美術や美術文化と豊かに関わることが目指されました。

　ところで，ここで言う造形的な見方や考え方を実現するには，感性や想像力を働かせながら対象や事象を造形的な視点で捉え，自分なりの意味や価値をいかにつくり出すことができるかが実践上のねらいとされます。では，ここで言う「感性」とは，どのような力を言うのでしょうか。「感性」とは一般的に言って「感じる力」と，どちらかというと受け身の力として捉えられがちです。しかし，これまでの研究から，それは，五感を通じて自らにとって大切な情報を取捨選択し，かけがえのない自分らしさを創り上げていく「能力」であり，実は受け身ではなく，主体的，積極的で教育可能な力と言うことができます。また「感性」を働かせるプロセスで生きた「知性」が育成されるという意味で，「感性」とは子どもたちの「確かな知性を支える土台」であると言うこともできます。豊かな美術の学習は，混沌とした多様な価値観の中を自らの視点をもち，確かな足取りで生き抜くための原動力になると考えることができます。

　本シリーズは，新学習指導要領に準拠しつつ，実践研究を進めてきた愛知県造形教育研究会の実践研究の成果を中学版「テッパン題材」としてまとめたものです。定番の教科書題材をもとに等身大の中学生の現状に向かい合いながら，いかに造形的な見方や感じ方を育てていくことができるかについて，実践者の様々な工夫や手立てが生かされた実践集となりました。各項目には，授業の環境づくり，進め方，言葉かけのアドバイス，評価等の観点が具体的に示されました。また，本文中の「評価」に関しては，授業者のねらいに合うように自由に書き込める「評価シート」も掲載しましたので必要に応じてご活用ください。

　本題材集が，新学習指導要領を背景とした授業の実現に悩む先生方の参考になり，美術科の授業を着実に進めていく際のヒントになればこれに勝る喜びはありません。

　最後になりましたが，本書の企画段階から出版に至るまで，本当に粘り強く支えていただきました明治図書出版編集部の木村悠さまはじめ労をとっていただいた編集部の皆様に心より御礼を申し上げます。

2021年５月　　　　　　　　　　　　　　　　　　　　　　　　　　　　監修者

2

目 次

1章

新学習指導要領を
実現する！
授業づくりの
ポイント

新学習指導要領改訂のポイント

1 第1学年の目標

　中学校学習指導要領「美術」の目標は，生徒の発達の特性を考慮して，第1学年と第2・3学年に分けて系統的に示されており，具体的な指導を考える際のよりどころとなります。

　表現及び鑑賞の幅広い活動を通して，造形的な見方・考え方を働かせ，生涯にわたって生活や社会の中の美術や美術文化と豊かに関わる資質・能力を育成することを目指しています。

　なお，造形的な見方・考え方とは，「感性や想像力を働かせ，対象や事象を，形や色彩などの造形的な視点で捉え，自分としての意味や価値をつくり出すこと」であると考えられます。

> (1) 対象や事象を捉える造形的な視点について理解するとともに，意図に応じて表現方法を工夫して表すことができるようにする。　　　　　　　　　　**…知識及び技能**
>
> (2) 自然の造形や美術作品などの造形的なよさや美しさ，表現の意図と工夫，機能性と美しさとの調和，美術の働きなどについて考え，主題を生み出し豊かに発想し構想を練ったり，美術や美術文化に対する見方や感じ方を広げたりすることができるようにする。
> 　　　　　　　　　　　　　　　　　　　　　　**…思考力，判断力，表現力等**
>
> (3) 楽しく美術の活動に取り組み創造活動の喜びを味わい，美術を愛好する心情を培い，心豊かな生活を創造していく態度を養う。　　　　**…学びに向かう力，人間性等**

2 中学校美術科の〔共通事項〕

　下記の〔共通事項〕の各指導事項は，「A 表現」及び「B 鑑賞」の2領域およびその項目や事項のすべてにおいて共通に必要となる資質・能力であり，造形的な視点を豊かにするための必要な知識として位置づけられています。

> (1) 「A 表現」及び「B 鑑賞」の指導を通して，次の事項を身に付けることができるよう指導する。
> 　ア　形や色彩,材料,光などの性質や，それらが感情にもたらす効果などを理解すること。
> 　イ　造形的な特徴などを基に，全体のイメージや作風などで捉えることを理解すること。

　〔共通事項〕は「A 表現」及び「B 鑑賞」の指導と併せて,「知識及び技能」,「思考力，判断力,表現力等」,「学びに向かう力，人間性等」を育成するものです。〔共通事項〕の内容を，一人ひとりの生徒が実感を伴いながら理解を深め,生きて働く知識として身に付けられるようにすることが重要です。アは,形や色彩，材料，光などの造形の要素に視点を当て，自分の感じ方を大切にして性質や感情にもたらす効果などについて理解する指導事項，イは造形的な特徴などから全体のイメージや作風などで大きく捉えることについて理解する指導事項となっています。アは「木を見る」視点，イは「森を見る」視点で造形を捉えられる資質・能力を培う内容です。

新学習指導要領を実現する本書の題材モデル

　平成29年の改訂では，美術科は何を学ぶ教科なのかということが，「三つの柱」で整理され，明確に示されました。美術科の授業を計画する際には，三つの柱を基本に，題材で育てる「資質・能力」をベースとした目標をきちんと立て，目の前にいる生徒が目標に迫ることができるように意識することが大切です。第１学年では，小学校の図画工作科で身に付けた資質・能力を基盤に，学習指導要領の「内容」に示す事項の定着を図ることが重視されています。生徒がこれまでの造形活動で培ってきた造形的な見方や考え方，感じ方を働かせ，自分らしさを大切にして意味や価値をつくり出す授業を，生徒とともにつくっていける教師でありたいものです。

　本巻には，そんな教師たちの実践が掲載されています。一部を三つの柱の順に御紹介します。

1 「知識及び技能」を特に大切にした実践

　「❾レタリング～絵文字が動き出す！～」の実践では，レタリング技能の習得に終始するのではなく，生徒に表現の意図をもたせるように題材が工夫されています。第１学年では生徒が造形的な視点について理解して，基本的な技能を身に付けることが必要です。本実践の中で，友人の作品を鑑賞した生徒が「自分も納得できる作品づくりをしたいな」とつぶやく姿から，レタリングで伝えたい意図をもちながら，技能を定着させようとする様子が垣間見えます。

2 「思考力，判断力，表現力等」を特に大切にした実践

　「❷『○』の形の中に何が見える～自分らしいデザインをかこう～」の実践では，生徒が「○」から，主題を生み出しています。また，「○」の鑑賞活動を取り入れ，生徒が内発的に主題を生み出せる機会をつくっています。教師は「（様々な題材の）時間を楽しい時間にするためには，いろいろな考え方や見方からアイデアが生まれるというイメージを広げ，それを形にする経験が必要」と述べているところから，生徒が見方や感じ方を広げられる実践であることが伺えます。

3 「学びに向かう力，人間性等」を特に大切にした実践

　「❿世界一短い自己紹介！」では，生徒が中学校で出会えた仲間たちに自分自身のことをロゴマークで伝えています。美術の時間が自分のことを知ってもらう機会となり，生徒は楽しく創造活動に取り組むことができるものと考えます。また，「㉛そうだ！美術館へ行こう！」では，教師が「主体的に追求する姿が見られました」と生徒を捉えており，「美術館に行こう」という気持ちや態度を養うことができる題材になっていることが伝わってきます。さらに，本巻の多くの実践には魅力的な題材名が付けられており，生徒が「美術を学ぼう」「美術を通して成長しよう」等の思いをもち，学びに向かう力を高められるような工夫がなされています。

　その他にも教師の思いが詰まった大変優れた実践が掲載されています。さらに学習指導要領と関連させた評価シートも記載されており，日々の実践の一助になると確信します。

（牛山　晴登）

小学校からの接続において美術科教師が心がけること

中学3年生の男子生徒Aと，将来の夢について話をしました。

僕は，将来アニメの制作に携わる仕事がしたいんです。僕は，「和」についてとても興味があって，和柄について調べています。図書館に行って和柄の本を借りてきて読んでいますが，様々な和柄には，それぞれに意味や思いが込められているんです。例えば，「扇柄」には，末広で「発展」という意味があります。「波」には，絶え間なく続く穏やかな波のように「平穏」な暮らしが続くようにという願いが込められています。

そんな，和柄を使って，アニメのキャラクターを考えたいんです。衣装は和柄をもとにして考え，キャラクターの個性は，和柄の意味を込めたものにします。そんなことができたらって思っています。

(中学3年生　生徒Aの話)

義務教育での学びを終えようとしている時期に，自己を見つめ将来のことを語る生徒A。絵をかくことが小学校時代から好きで，表現及び鑑賞の活動を続ける中で，「和柄」に興味をもって，それについて主体的に調べ，それを使って新たな表現をしたいと意欲を見せる生徒A。ここには，図画工作科及び美術科が目指す子どもの姿があると思います。私たち教師は，こうした子どもを育成していかなければならないと考えます。

では，中学校に入学してきた生徒たちに，どのような指導を心がけていけばよいのでしょうか。大きくは，小中学校の連携と造形的な見方・考え方を広げることだと思います。

1 小中学校の連携

中学校の教員は，まず小学校での学びを把握する必要があると考えます。小学校6年間でどのような題材に取り組んできたのか。どのような材料や道具を使ってきたのかを知ることから始めることをおすすめします。

例えば，中学校では絵をかく際には，用途に応じて水彩絵の具，ポスターカラー，アクリルガッシュ等を使い分けます。ところが，小学校では透明，不透明の双方の性質をもった水彩絵の具だけを使うことが多いように感じます。風景画や静物画をかくときもポスターをかくときも，同様の絵の具です。教師は，絵の具と水の量に着目させて指導をします。風景画では，「水の量を多めにする。にじみが出てもよい」などと指導します。しかし，ポスター等の制作になると「水の量は控えめにして，マヨネーズ状になるようにする。色むらができないようにする」などと指導します。

こうした指導を理解して，同じ絵の具をうまく使い分けできる子どもはスムーズに制作が進められますが，そうでない子どもいます。

小学校学習指導要領には，扱う題材や材料・道具などについて，詳細に記されていますが，それらが，どう実践されて，どのような力が身に付いているのかは個々の生徒によって違うと

思います。中学校の美術科の授業を始める前に，それらを把握しておくことで，美術科の授業がスムーズに始められますし，さらに新たな知識や技能，思考力・判断力・表現力などが身に付けられる題材選定に役立つと考えます。

2 造形的な見方・考え方のさらなる育成

　中学生は，表現の活動をする中で，意図的に画面構成や配色などを工夫していきます。また，鑑賞活動では，作者の思いや表現意図，作品の時代背景までも捉えていきます。こうした生徒には，美術科で必要な最低限の知識や技能を習得させて，造形的な見方・考え方を広げていく必要があると思います。

　発表では，意識していたグラデーションや季節感が見る人に伝わってよかったです。前はモチーフをたくさん入れすぎたけど，最終的には何を目立たせたいか意識してかくことができました。アイデアスケッチ②からの課題を本制作では，よく意識できたと思います。今回は着彩を3人で一緒に話し合ったし，何度も繰り返しかいて直してきたから，頭の中で想像していたイメージに近い表現ができて達成感があります。　（中学3年生　生徒Bの学習記録）

　中学3年生の題材『オリジナルの枕草子』の実践で，生徒Bが制作を終えての振り

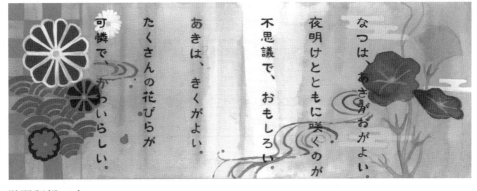

返りで書いた学習記録です。

　造形的な見方・考え方をもとに「意識していたグラデーションや季節感が」と，意図的に画面構成や配色をしようとしています。また，「前はモチーフをたくさん入れすぎた」と，モチーフという視点で自分の作品を見直しています。さらに，「頭の中で想像していたイメージに近い表現ができて達成感があります」と，構想したことが表現に結びついたことを実感しています。

　こうした姿を引き出すことができたのも，教師が意図的に造形的な見方・考え方を働かせる場面を設定しているからです。美術科の授業では，こうした教師の営みが大切だと思います。

（中村　僚志）

「美術」との出会いに「期待」をもつ生徒を育てる

中学1年生の生徒は「期待」と「不安」でいっぱいです。数々の新たな出会いに緊張している生徒は少なくありません。美術科の授業も生徒にとっては大きな変化の1つです。生徒の「不安」を解消して，「期待」でいっぱいになるような授業実践をしていきたいところです。

ここでは，私が行った実践（「感動 発見！わたしのうつくしい～お気に入りの場所～」）から，生徒が「美術」との出会いに「期待」がもてるような手だての一部について御紹介します。

1 自信をもって主題を生み出す手だて【ちびスケ】

第1学年の生徒は「絵は苦手だから」「思いつかない」等の消極的な発言をすることがあります。それは「美術」に対する経験不足に一因があると考えます。そこで，生徒一人ひとりに「ちびスケ（小さなスケッチブック）」を用意し，休み時間や家庭学習などでスケッチをしたり，何か思いついたことをメモしたりさせました。これにより，生徒は描画経験を積むと同時に，日々の発想を蓄積することができ，自信をもって主題を生み出すことができました。

2 見方や感じ方を広げる手だて【KEY WORD CARD】

生徒が「美術」について見方や感じ方を広げるために，教師と生徒や生徒同士の対話はとても有効です。しかし，対話には造形的な言語が必要になってきます。生徒にとって，造形活動での思いやイメージを言語化することは，とても難しいことです。そこで，私は教科書に載っている造形的な要素を表す言語を抜粋した「KEY WORD CARD」を作成し，生徒に1枚ずつ配付しました。これにより，生徒は心の中で表出したことを言葉で整理して表現することができ，学級の友人と感情やイメージなどを関わらせ，見方や感じ方を広げる様子が見られました。

KEY WORD CARD

3 生徒の実態に合わせた題材設定の工夫【お気に入りの場所】

題材は生徒の実態に合っていなければ，「美術」の時間が単なる作業の時間になってしまいます。生徒が主体的に活動するために，教師の工夫は欠かせません。美術室に緊張して入ってくる生徒の様子を見て，私は「美術」を通して中学校に慣れてもらいたいと願い，お気に入りの場所をかく題材を設定しました。そして，全職員の許可を取り，生徒にカメラを持たせて学校中を回る時間をつくりました。生徒は各々のお気に入りの場所に行き，写真を撮影しました。生徒の生き生きとした姿が印象的で，その後の水彩画も多くの生徒が主体的に制作していました。生徒の実態に合った題材設定は，生徒が「美術」に「期待」をもつことに必ずつながります。

（牛山 晴登）

題材名：

年　　組　　番　氏名

評価項目	評価場面	評価規準	評価
知識・技能			
思考・判断・表現			
主体的に学習に取り組む態度			

【備考】

題材名：

年　　組　　番　氏名

評価項目	評価場面	評価規準	評価
知識・技能			
思考・判断・表現			
主体的に学習に取り組む態度			

【備考】

2章

指導から評価まで
すべてが分かる！
領域別題材モデル
31

1 身近な人を見つめて ～その人らしさを表そう～

📖 題材の紹介

　身近な存在である友人を見つめ，よさや魅力，性格，雰囲気などを感じ取り，それらをもとに主題を生み出し表現する活動である。友人との対話によってイメージを広げ，自分の思う表現を工夫できる題材であるとともに，友人を深く理解し，互いの存在を認め合う心の育成につながる題材。

🕐 時間：8時間完了

1 目 標

・目や鼻，口，手，体全体などの形を的確に捉え，混色や重色を工夫しながら質感を表現することができる。　　　　　　　　　　　　　　　　　　　　　　（知識及び技能）

・表現する友人の性格や雰囲気を考えながら，表情とポーズを決めて画面構成をすることができる。　　　　　　　　　　　　　　　　　　　　　（思考力，判断力，表現力等）

・作品から伝わるその人らしさから，作者の思いや工夫に気付こうとする。

　　　　　　　　　　　　　　　　　　　　　　（学びに向かう力，人間性等）

2 準備物等

教師：四つ切画用紙，デッサンシート（各所の着目すべきことを理解させるもの）
生徒：絵の具セット（混色や重色，水加減を指導する）
　　　スケッチブック（中学生になって初めて
　　　持つ生徒がほとんどであるため，基本的
　　　な使用方法を指導しておく必要がある）

机上のレイアウトイメージ

3 評価シート　身近な人を見つめて

評価項目	評価場面	評価規準	評価
知識・技能	①	顔・頭のかき方を意識して，自分なりの表現ができる。	
	②	順序立てて，バランスのよい手をスケッチすることができる。	
思考・判断・表現	③④	その人らしさを出すために，具体的なポーズなどを発想することができる。	
	⑥⑦	友人のスケッチから，自分の作品に生かせる表現を見つけることができる。	
主体的に学習に取り組む態度	⑤⑧	友人のよさを見つめ，表現しようとしたり，作品から伝わるその人らしさから作者の思いや工夫に気付いたりしようとしている。	

✎ 授業づくりのアドバイス

　見たものを表現する実践ですので，いち早く作品制作に取りかかりたいところですが，かくのが苦手な生徒にとって，その人らしさや雰囲気を表現することは大変困難です。得意な生徒においても，自分のかき方に偏ってしまい「うまいだけの作品」になってしまいます。友人の魅力や性格，雰囲気といった目に見えないものを表現することですので，相手を観察させる前に，どこにどう注目すればよいのか，また，かきたいイメージを表現する方法などをしっかり明確にして指導していくとよいと思います。

　お互いが向き合って制作をしていく活動なので恥ずかしがる生徒もいますが，常に「どこをどういう風にかけば魅力や性格，雰囲気が表現できるか」を考えさせながら進めていくとよいと思います。生徒たちは，いつしか黙々と取り組むようになりました。確かな知識・技能を指導することで，生徒は自信をもって制作に取り組めるようになりました。

　そして，この実践を通して，互いを認め合う雰囲気がクラス全体に広がったように感じます。ぜひ実践してみてください。

4 指導過程

①顔, 頭のかき方を知りスケッチする

(表現)

【目】

・ボーっとしている目になってしまう
- →目尻, 目頭, まつ毛, 下瞼, 黒目の大きさに, 気を付けてかいたら, 見つめている目になった

【鼻】

・鼻が平べったくなってしまう
- →鼻筋, 鼻の形のアテを決めてからかいたら, 立体感がある鼻になった

【口】

・唇のかき方が分からない。葉っぱみたいな口になってしまう
- →口の肉の付き方に気を付けてかいたら違和感がない唇がかけた

【髪】

・ボサボサした髪になってしまう
- →今まで髪の流ればかり気にしてかいていたけれど, 部分に区切ると, バランスの取れた髪型がかけた

【輪郭】

・顔の向きのバランスがいつも悪くなる
- →正中線をかくと, 目・鼻・口をかいてないのに顔の向きがはっきりする

②手をスケッチする (表現)

・曲がっている指をかくのは苦手
・全体のバランスが取りにくい
- →部分を分けてかくとバランスよくかける
- →光の当たる方向を意識しただけで陰影がきちんとかけた

→ 指導ポイント①

・「人の顔デッサンシート」を用意して, まず目・鼻・口を自由にかくよう伝える
・その後, 基本的な目・鼻・口の構造や表現するポイントを知らせる
・それに沿ってもう一度, 目・鼻・口をかいて, 違いに気付かせる
・輪郭は正中線のバランスを取ること, 髪の毛は部分に区切ってかくように伝える

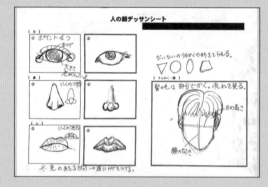

人の顔デッサンシート

→ 指導ポイント②

・「手デッサンシート」を用意して, 力が抜けている手をかかせる
・腕, 手の平, 指を分けた簡単なスケッチから始めるように指示する
・陰影の表し方を指導する

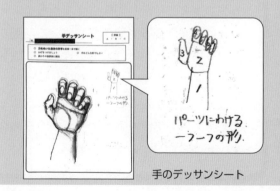

手のデッサンシート

③人物画の参考作品を鑑賞する（鑑賞）

・暖かい雰囲気が伝わってくるのは，穏やかな顔の表情だからだ

・表情を観察すると，目が細くなっていて，口角が少し上がっている

・全体的に丸くかくとやさしい感じがする

・女性の目線が子どもに向いていて愛情を感じる

④**友人をスケッチする（構想）**

・○○君の性格は元気がいい

　→空へ向かってガッツポーズ

・○○君の性格はおもしろい

　→手を開いて顔の横

・○○君の性格は落ち着いている

　→座ってまっすぐ見つめている

⑤**みんなのスケッチを見てみる（鑑賞）**

・手の置き方が△△さんらしい

・○○君の落ち着いた雰囲気が出ている

・○○君のガッツポーズはもっと上向きにしたほうがいい

・□□君の自信満々な雰囲気が出ている

⑥**主題を決めて下絵をかく（表現）**

・デッサンシートで練習したから顔と手がかきやすい

・友人の意見を取り入れて，よりその人らしさが表現できるようにしよう

・落ち着く○○君の眼差しという主題にしよう

⑦**彩色する（表現）**

・下絵がうまくいったけど，彩色で失敗しそう

・色を重ねて塗ると，質感がでる

⑧**完成した作品を鑑賞する（鑑賞）**

・やさしい性格が出ているいい作品だね

・○○君のよさが出ているね

➡ 指導ポイント③

・「人の顔デッサンシート」で学んだ内容を振り返り，顔の表情について着目する部分を明確にする

・感じた印象はどこの線や色の部分からか細部に着目させる

➡ 指導のポイント④

・隣同士ペアを組ませ（学級・学年の裁量で自由に組ませてもよい）机ごと向き合わせる

・相手のよい性格を書き出すよう伝える

・書き出した性格に合ったポーズをイメージさせ，スケッチさせる

実際のスケッチブック

➡ 指導ポイント⑥

・これまで学習してきたかき方を振り返らせながら取り組ませる

・上手にかくことより，その人らしさが出るように表現することを常に意識させる

下絵が完成した作品

➡ 指導ポイント⑧

・他者から，自分のよいところを分かってもらっている喜びを感じさせる

（櫛野 欧文）

2 「〇」の形の中に何が見える 〜自分らしいデザインをかこう〜

📖 題材の紹介

「〇」という基本的な形からイメージできるものを考え，そのイメージから発想した絵を制作する。制作前や制作途中での鑑賞活動も取り入れ，「〇」という形から想像できる様々なイメージを楽しみ，作品制作につなげる題材。

🕐 時間：2時間完了

1 目　標

・画面の中に発想した世界をかくことができる。 （知識及び技能）

・「〇」の形が入った画面を参考作品や自らの経験をもとに自由に発想することができる。 （思考力，判断力，表現力等）

・友人の作品を鑑賞して，1つの形から発想して，様々な見方や考え方があることを知ろうとする。 （学びに向かう力，人間性等）

2 準備物等

教師：鑑賞用図版（テレビ画面で鑑賞，発想を広げるための手立て）

作家の作品（仙厓義梵，五味太郎，長新太，元永定正，ヨシタケシンスケ，山田芳裕の漫画作品「デカスロン」等）

作品制作シート（A4サイズ，作品テーマと制作意図を書き込むスペースを含む制作シート）

発想ノート（普段からアイデアを溜めておくためのノート）

振り返りシート（制作した自分の作品や友人の作品を見て，気付いたことや思ったことを書き込むためのシート）

板書用平面構成シート（画面の中の「〇」の位置や数，大きさを表した画面）

「りんごかもしれない」シート（ヨシタケシンスケの作品「りんごかもしれない」のワークシート）

色鉛筆

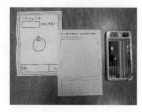

3 評価シート 「○」の形の中に何が見える

評価項目	評価場面	評価規準	評価
知識・技能	③	画面の中の「○」の大きさや数による表現の広がりを感じることができる。	
	⑤	いろいろな個性に気付くことができる。	
思考・判断・表現	④	いろいろな作品から構想を広げることができる。	
	⑥	鑑賞を制作に生かすことができる。	
	⑧	前時を生かした制作ができる。	
主体的に学習に取り組む態度	⑦	活動を振り返り，様々な考え方や見方に気付こうとしている。	

✎ 授業づくりのアドバイス

　様々な題材で，アイデアを練り，それを作品にしていく過程があります。その時間を楽しい時間にするためには，いろいろな考え方や見方からアイデアが生まれるというイメージを広げ，それを形にする経験が必要だと考えられます。今回は「○」と「りんご」という共通の形から，どんなアイデアが生まれるかを，制作を通して生徒同士が互いに学び合いました。導入では，絵本作家さんや漫画家さんの作品を鑑賞したり，画面の中にどう配置するかを考えたりして，それぞれのアイデアを作品にしていく視点をもてるようにしました。作品制作が進んでからは，他の生徒がどんな作品を制作しているかを鑑賞する時間を設けて，さらに深く考えて制作に向かうようにしました。制作終了後に改めて感想を聞くと，「作品を楽しめた」，「アイデアを練る時間が楽しかった」などの声を聞きました。

　「アイデアが浮かばない」，「考えたことが作品にできない」と悩む生徒がいます。今回の実践を通して，アイデアを作品にしていく経験を，次の題材に生かしてほしいと思います。また，普段からテレビや雑誌などあらゆるところから自分が気になることをアイデアとして溜めていく発想ノートを，今後も活用していきたいと思います。

<参考文献>「りんごかもしれない」ヨシタケシンスケ著　ブロンズ新社

4 指導過程

①「〇」の形からイメージするものを考え，発想ノートにできるだけたくさんかいてみる（イメージづくり）

・部活動で使っていたボール
・扇風機の羽が回っていると「〇」の形
・自動車のタイヤ
・人の顔
・ドーナツは「〇」が二重だ

②教師の例から，大きさや数，場面について考える（鑑賞）

・大きさや数を変えたりしてみよう
・いつもあるところではないところに「〇」の形を置いてみよう
・海の上に浮かんでいたり，宇宙に浮かんでいたりする絵がいいな
・転がったり，積み上げたりしたものも，おもしろいな

③形をテーマに作品づくりをしている作家の作品を参考に考える（鑑賞）

・長新太さんの「〇」の大きさがおもしろく，参考にしたい
・漫画「デカスロン」の見せ方に迫力があっておもしろいので，取り入れたい

④画面に自分のイメージした「〇」の場面をかいてみよう（構想・表現）

・大きさのバランスを変えたり，画面の中の位置を工夫したりして，おもしろい画面にしてみよう
・手前から奥に向かって「〇」があるイメージでかいてみよう
・「〇」が宇宙に浮かんでいるようにかいてみたいな

→ 指導ポイント①

・自分とは違った考え方に気付くように，生徒の意見をできるだけたくさん出させ，板書する。活動②につながるような教師からの例を挙げる

→ 指導ポイント②③

・「〇」の大きさや数をなどに注目して見るように伝える
・「こんな「〇」の形があったらおもしろいな」という場面をイメージするように伝える
・形をテーマに作品をつくっている作家の作品を見せて参考にするよう伝える
・五味太郎さんの作品，元永定正さんの作品を提示する

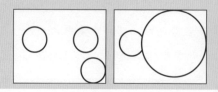

『ころ ころ ころ』
元永定正作／福音館書店

→ 指導ポイント④

・画面の中の「〇」の大きさや数，位置を示したボードを見せ，自分の作品のイメージに合わせた構成を考えるように伝える
・「〇」との関係を考えながら背景を考えるよう伝える

・投げたボールを表現してみたいな

・動いている様子を出したいな

・食べ物にしてみよう

⑤周りの友人の作品を見てみよう

（中間鑑賞会）

・投げたり，打ったりとボールの使い方がいろいろあっておもしろいな

・画面の中でとても大きく扱ったり，極端に小さくしたりするとおもしろいな

・「こんなところにありえない」と思うところに置いてみるのもおもしろいな

⑥席に戻り，最後の仕上げをし，作品を完成させよう（制作）

・もう少し「○」を大きく入れてみよう

・もう少し「○」の数を増やしてみよう

・手前の「○」と奥の「○」のバランスを変えてみよう

⑦活動を振り返って，気付いたことや学んだことについてワークシートに感想を書き，発表しよう（鑑賞会）

・同じ「○」でも「自分ならこうするけど，この人はこうするんだ」という作品がたくさんあって楽しかった

・やってみたいアイデアが浮かんだので，次に試してみようと思った

⑧「りんごかもしれない」をやってみよう

（応用制作）

・ありえない場所に置いてみよう

・しゃべるとおもしろい

・大きく見えるように背景を考えてみよう

・擬人化してみよう

・「ここはどこ，どんな場面」が分かるシートにし，鑑賞の材料にする

➡ 指導ポイント⑤

・「ここはどこで，どんな場面か」を注目して見るように伝える

・机を回って，似たような形のイメージ画であっても，それぞれの個性が出ていることに注目するよう声をかける

➡ 指導ポイント⑥

・鑑賞した作品の中で自分の作品がよりおもしろくなるような工夫を見つけたら，積極的に取り入れるように促す

➡ 指導のポイント⑦

・今日の学習を振り返り，気付いたことや学んだことを次回の制作に生かしていけるように声をかける

➡ 指導のポイント⑧

・作品紹介のときに人気があったヨシタケシンスケさんの絵本「りんごかもしれない」にあるワークシートに取り組んでみる

・前回の制作を振り返って，大きさや空間を意識した制作をするように促す

（熊倉 武司）

3 いろいろな技法の実験工房 ～モダンテクニック～

📖 題材の紹介

今後の作品制作に生かせるように，絵画表現に苦手意識をもった生徒でも，手順が簡単なことや偶然できる表現によって，発想や構想を広げていけるモダンテクニックの技法を体験させる。マーブリングやドリッピングをはじめ，12種類の技法を体験することで，様々な表現方法を知ることができる題材。

🕐 時間：2～4時間完了

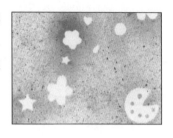

1 目　標

・モダンテクニックの技法をそれぞれ体験し，各技法の特性を知ることができる。

(知識及び技能)

・偶然にできた色や形から発想を広げることができる。　(思考力，判断力，表現力等)

・多様な表現方法に関心をもち，表し方を工夫して取り組もうとする。

(学びに向かう力，人間性等)

2 準備物等

教師：描画材料（マーブリング，スパッタリングなど），和紙，コピー用紙，ワークシート（画用紙）

生徒：絵の具セット，色鉛筆，クレヨン，各素材（スタンピング，コラージュ，フロッタージュなどに使うもの）

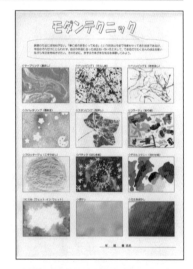

モダンテクニックを試して，ワークシートに完成させる

3 評価シート　いろいろな技法の実験工房

評価項目	評価場面	評価規準	評価
知識・技能	③	モダンテクニックの技法を体験し，多様な表現方法や材料・道具などを生かして表現することができる。	
思考・判断・表現	④	偶然にできた形や色彩から，発想を広げることができる。	
主体的に学習に取り組む態度	②	多様な表現方法に関心をもち，表し方を工夫して取り組もうとしている。	

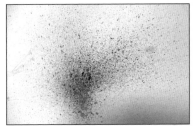

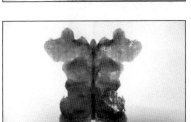
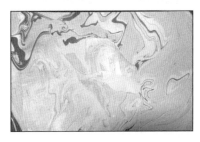

✐ 授業づくりのアドバイス

　絵画表現に苦手意識をもつ生徒の多くは，鉛筆での下がきは上手くかけたのに，絵の具で着彩してみると思ったように仕上げられないということが，アンケートで分かりました。この題材では，着彩による表現方法が１つではないことを知り，様々な技法を楽しみながら自由に試すことで，絵をかくことへの苦手意識を少しでもなくせるように設定しました。そうした意味でモダンテクニックを扱うことは効果的だと思います。手順が簡単なことや失敗が少ないこと。また，偶然できる表現に生徒自身が驚きをもちながら，発想や構想を広げていけます。

　中学１年の早い段階で実施することで，美術科の授業に意欲的に取り組めるようになると思います。ワークシートも掲載しましたので，参考にしてぜひ実践してみてください。

4 指導過程

①どのようにかかれているか考えよう
（イメージづくり）

・絵の具を飛び散らせた（ドリッピング）
・形をスタンプした（スタンピング）
・絵の具が混ざらないように模様をつくった
　（マーブリング）　など

②それぞれの技法について知ろう
（イメージづくり）

③個人で，グループで体験しよう（表現）

・興味のある技法から進める
　マーブリング
　ドリッピング
　スタンピング
　スパッタリング
　コラージュ
　フロッタージュ
　バチック
　デカルコマニー
　にじみ
　ぼかし
　叩きぼかし

④結果をワークシートにまとめよう　（鑑賞）

→ **指導ポイント①**

・見て分かりやすいもの，小学校でも経験したものを挙げる
・初めて知る技法を挙げ，新しい表現に興味をもたせる

→ **指導ポイント②**

・どの道具を使うと，この結果になるのかをクイズにすることもできる

→ **指導ポイント③**

・ワークシートに直接できない技法は，別紙を準備する
　マーブリング＝和紙
　フロッタージュ＝コピー用紙など
・教室が広い場合は，技法ごとに場所をつくり，ブース形式にして時間を区切りながら行うこともできる（各自で行ったり班ごとに行ったり，どちらでも対応できる）
・ドリッピングやスパッタリングは絵の具が飛び散るので，余白を新聞紙などでガイドさせるときれいに仕上がる

飛び散り保護用のシート

→ **指導ポイント④**

・ワークシート(右のページ)に各技法の感想や反省が記入できるようにすることもできる
・ワークシートではなく，それぞれ技法ごとの用紙で体験し，組み合わせて１枚の作品に仕上げることもできる　　　　（石原　恵）

ワークシート

モダンテクニック

◇マーブリング（墨流し）

◇ドリッピング（たらし絵）

◇ドリッピング（吹き流し）

◇スパッタリング（霧吹き）

◇スタンピング（型押し／押し絵）

◇コラージュ（貼り絵）

◇フロッタージュ（こすり出し）

◇バチック（はじき絵）

◇デカルコマニー（合わせ絵）

◇にじみ（ウェット・イン・ウェット）

◇ぼかし

◇たたきぼかし

4 原食堂 ～モダンテクニックを生かして～

📖 題材の紹介

原食堂の店主になったつもりで新メニューを考える。どんな工夫をするとおいしそうに見えるか、イメージを具体化しながら、自分の主題に合わせ、モダンテクニックの技法を生かして模様紙をつくる。

その模様紙をコラージュして作品を仕上げる題材。

🕐 時間：8時間完了

1 目標

・食べ物をおいしそうに見せるための表現方法を工夫して、作品づくりをすることができる。

(知識及び技能)

・モダンテクニックの技法を工夫し、自分の考えに合わせた模様をつくったり、活用したりすることができる。 (思考力、判断力、表現力等)

・試行錯誤しながら主体的に表現方法を追求するとともに、友人と表現のよさを認め合おうとする。 (学びに向かう力、人間性等)

2 準備物等

教師：色鉛筆、色画用紙
　　　のり、はさみ
　　　トレイ、マーブリング彩液
　　　金網、ブラシ、クレヨン
　　　ワークシート、鑑賞シート
生徒：絵の具セット（水彩）、新聞紙

事前に食べ物を調べてかいたワークシート（部分）

3 評価シート 原食堂

評価項目	評価場面	評価規準	評価
知識・技能	①	食べ物をよりおいしそうに見せるため，どのような工夫がされているのか，自分なりに考えることができる。	
	②	食べ物をよりおいしそうにするため，表現方法を工夫して作品づくりをすることができる。	
思考・判断・表現	③	モダンテクニックの技法を工夫し，自分の考えに合わせた模様をつくることができる。	
	④	つくり出した模様を活用し，自分のイメージをもとに作品を仕上げることができる。	
主体的に学習に取り組む態度	⑤	試行錯誤をしながら楽しく取り組むとともに，友人の作品のどこがどのようによかったか，自分の言葉で表そうとしている。	

✎ 授業づくりのアドバイス

　テレビやインターネット，雑誌や広告など，様々なメディアを通して食べ物を目にすることがよくあります。そこでは，食べ物をよりおいしそうに見せるため，いろいろな演出がされています。本題材では，そうした身近な食べ物をじっくり見ることで，「なぜおいしそうに見えるのか」ということを生徒が自分なりに考えます。そして，生徒が発見したことを自身の表現につなげていくことができる活動を考えました。

　モダンテクニックで模様をつくることは，それ自体が楽しく，魅力的な活動です。本題材では，ただ模様をつくるだけではなく，生徒が自分のイメージに合わせて模様をつくり出します。あるいは，できた模様からイメージを広げ，作品を仕上げていきます。作品制作の場面では，既存の技法にとらわれず，新たな表現技法を編み出す生徒もいます。試行錯誤を重ねる中で，自分の表現を追求する楽しさを味わってほしいと考えています。

　また，できあがった作品を鑑賞する活動では，仲間と表現のよさを認め合うことを大事にして活動を進めます。生徒が自身の表現を追求する体験を通して，他者の様々な表現のよさに気付くことも増えるのではないかと思います。そして，美術科の活動で培った，自分と違うものを認める姿勢は，きっと日常生活に生かされていくのではないかと思います。

4 指導過程

①身近なおいしい食べ物をかこう
（イメージづくり）

・わあ！おいしいそうなステーキ。焼いている感じまで伝わってくるね

・いろいろな料理があって選びきれないね。どれをかこうかな

・日頃なんとなく見ている広告も，見方を変えるとすごく興味がわくね

・ただ料理の写真を撮っているのではなくて，食器や下に敷いてある布等を工夫して，料理が目立つようにしている

・隣にあるコーヒーがドーナツをよりおいしそうに見せている気がする

・光の当て方もいろいろ工夫されているのかな？　食べ物の写真はとても鮮やかな色をしているね

・これは美術の授業で習った補色の関係が使われているんじゃないかな

②考えを具体化しよう（構想）

・マーブリングの模様を使ってアイスクリームをつくろうかな

・サラダに入れるレタスには吹き流しを使って，レタスの感じを表現しよう

・意外な食材を組み合わせて，今まで見たことがないような料理を考えよう

・すごくぜいたくな食材を使った高級料理をつくろうかな

・ヘルシーな定食メニューを考えよう。お味噌汁の具材にもこだわろう

・果物をたくさん使ったスイーツをつくろう

・料理の名前や値段を考えるのもおもしろい

→ 指導ポイント①

・広告や雑誌等の写真を参考にして，身近なおいしそうな食べ物をかくよう伝える

・なぜおいしそうに見えるかという観点で，自分が発見したことを書くよう伝える

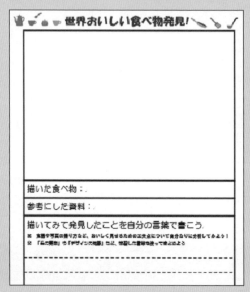

事前に取り組むワークシート

→ 指導ポイント②

・食堂の店主になったつもりで新メニューを考えるよう話す

・食器や料理の盛りつけ方も意識して，アイデアスケッチをするよう伝える

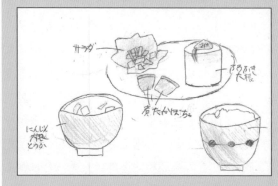

生徒のかいたアイデアスケッチ

③モダンテクニックで模様をつくろう

（表現）

・わあ！　きれい

・いろんな模様ができておもしろい

・その模様どうやってつくったの？

・なかなかスパッタリングのしぶきがうまく飛ばないな。もう少し絵の具を水で薄めたらうまくいくかな

・ドリッピングでつくった模様がサイダーをつくるのにぴったりだね

・海鮮丼のイクラに，バチック表現っていうのは，ナイスアイデアだね

・マーブリングをやった上からスパッタリングをしてみたらどんな模様ができるかな

④コラージュして作品を仕上げよう

（表現）

・おいしそうに仕上げるためには，どの模様を使って食器をつくろうかな

・のりで貼ってしまう前に，いろいろな模様を置いて並べてみるとイメージがつかめるね

・この模様は焼き魚の皮の部分に使えそうだな

・なんか改めて離れて見ると，カクカクしているからもう少し滑らかに端を切りそろえよう

⑤自他の表現のよさを認め合おう（鑑賞）

・この模様の使い方はいいね

・お肉の焦げ目がスパッタリングできちんとつくり込んであってすごい

・黒い紙に赤と黄色のスパッタリングでつくった模様を食器に使ってあるね。なんか高級な食べ物の感じが出ている

模様をつくっている様子

生徒がつくり出した様々な模様

→ 指導ポイント④

・改めて食べ物を引き立てる食器や付け合わせなどまで意識して，仕上げをするよう伝える

・切り方がガタガタしないよう，丁寧に仕上げるよう話す

→ 指導ポイント⑤

・鑑賞シートを配布し，事実と感想を分けて記述するよう伝える

・できるだけたくさん友人の作品のよいところを見つけられるよう話す

（吉川　友行）

5 和のオリジナル切手をつくろう ～一版多色版画のよさを生かして～

📖 題材の紹介

　日本の版画の歴史では，江戸時代の多版多色木版による浮世絵が有名である。当時の絵師・彫り師・刷り師の技術の素晴らしさを理解するためには，鑑賞だけで終わるのではなく，版画表現の1つである一版多色版画の制作を体験することで，より理解が深まり「和の世界」の魅力を味わうことができると考え，本題材を設定した。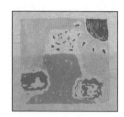

　また，日本の切手はオリジナリティにあふれ，海外でも大変人気があり，中でも切手コレクターには評価が高いことでも有名だ。そこで，本題材では「和」を主題にして切手デザインを一版多色版画で表現する。導入の段階では，和をテーマにした切手を見せたり，日本ならではの模様や動植物，行事，風習などの表現をまとめた参考資料をモニターで見せたりすることで，発想の手がかりとした。

　版画の魅力は刷り上がったときの偶然性にある。一版多色版画を経験したことがない生徒にとって，刷り紙を開くときの期待感と独特のかすれやにじみの表現に対する驚きは，絵画表現では感じることのできない新鮮な喜びである。

　木版画ならではの表現の楽しみを味わわせたい題材。

🕐 時間：6時間完了

1 目　標

・表現したい対象のイメージをもちながら，意図に応じて材料や用具の特性を生かして正しく安全に使用し，丁寧に美しく表現することができる。　　　　　　　　（知識及び技能）
・自分らしい表現を考え，構図や配色を工夫することができる。**（思考力，判断力，表現力等）**
・参考作品や自他の作品から，日本伝統の美術の素晴らしさを味わうことができる。

　　　　　　　　　　　　　　　　　　　　　　　　　　（思考力，判断力，表現力等）
・版表現の特徴や味わいに関心をもち，主体的に創意工夫して表したり，表現の工夫などを感じ取ったりしようとする。　　　　　　　　　　　　**（学びに向かう力，人間性等）**

2 準備物等

教師：「和」をテーマにした切手や参考資料，実物投影機，モニター（プロジェクター），ワークシート（アイデアスケッチ），はがき大の版木，鳥の子紙（黒ラシャ紙），バレン，カーボン紙，トレーシングペーパー（B5サイズ），マスキングテープ，鑑賞シート，ラベルシート（ノーカット）
生徒：教科書，資料集，彫刻刀，新聞紙，絵の具（ポスターカラー）

3 評価シート 和のオリジナル切手をつくろう

評価項目	評価場面	評価規準	評価
知識・技能	⑤⑥	彫刻刀を使った 版画制作の手順と用具の使い方を理解し，正しく安全に制作することができる。	
思考・判断・表現	③	自分の表したい「和」のイメージを自分らしい表現で追求し，構想を練ることができる。	
	⑦	彫刻刀を使った彫りの表現のおもしろさや日本美術の素晴らしさを感じ取るとともに自他の作品の造形的なよさや美しさを味わうことができる。	
主体的に学習に取り組む態度	①	日本伝統の美術と版画制作に興味をもち，意欲的に制作に取り組もうとしている。	

✏️ 授業づくりのアドバイス

　この題材の場合，筆で絵をかくときに問題になる筆触に相当する要素は，下絵段階で色面として分割することにより完了します。色面の分割は，単に下絵の線でかかれるだけでなく，さらに「彫り」の作業を施すことにより，より確固たるものとして明確になります。着色の際は，その色面に色をはめ込んでいくことだけに集中することができます。

　「刷り」の作業は，一色一色，着実で地道なはめ込み作業です。しかし「刷り」の作業は，絵画で着彩をするときよりも，色をのせることに集中するため，生徒には一色一色を実感させながら刷り進めることができます。

　一版多色の版画技法は，形（色面），色，色面の粗密，構図など，作品を構成する様々な造形要素のよさを，制作段階ごとに実感させることができます。

　また，「和」をモチーフにしたことから，日本美術や伝統的なものに興味関心をもち，生活に息づいている「和」を感じ取ることができる題材であると考えます。

4 指導過程

①日本の美術作品から，伝統的な表現や色彩について理解を深めよう

（題材への理解）

・参考作品や資料集を見せ，感じたことを話し合おう

→日本画・着物の模様・浮世絵・家紋

・身近なものや生活用品の中に日本の伝統的な美しさを感じられるものを出し合おう

→便せん・コースター・切手・マスキングテープ

②「和」をテーマにした切手のデザインを一版多色版画で制作するよ

（イメージづくり）

・版画の種類について分かったよ

→一版一色
　一版多色
　多版多色

・日本の風習や風景，日本を象徴する植物や動物等を用いて，切手のデザインを考えるよ

→単純化するといいね
　はがき大の版木に制作するんだね

③「和」を意識した具体的なモチーフをアイデアスケッチし，画面構成しよう（構想）

・アイデアスケッチをかく

・下絵をかく

・色鉛筆で配色計画を立てる

④版木に下絵を転写しよう（表現）

・主役となるモチーフは輪郭線を太くして強調するといいね

・転写の手順と材料の使い方の確認をするよ

→ 指導ポイント①

・鑑賞を通して，画面構成の美しさ，線や色彩の工夫が分かりやすい参考資料を提示する

伊藤若冲：動植綵絵

尾形光琳：紅白梅図／
　　　　燕子花図 屏風

葛飾北斎：富嶽三十六景

着物の伝統的な模様家紋，
日本の古いマッチ箱 等

・資料集を参考にしてもよい

→ 指導ポイント②

・一版一色は小学校の既習事項である。多版多色については，教科書や資料集等の浮世絵を参考作品として扱い，鑑賞との一体化を図る

→ 指導ポイント③

・画面の中での余白のバランスや動きを意識させ，線の表現や配置・配色の美しさを工夫し，モチーフを単純化した画面構成を考えさせる

・発想に時間がかかり，苦手意識をもっている生徒の支援として伝統模様や写真や図をまとめたプリントや資料を準備し，自由に閲覧できるようにする

→ 指導ポイント④

・線の太さを変え，画面の中に強弱の表現を加える

・トレーシングペーパーに写し取った下絵を反転させて版に写すことを忘れないようにさせる

⑤**彫刻刀の刃の特徴と表現の違いを理解し、版木を彫ろう（表現）**

・彫刻刀の特徴を生かして彫るよ

→三角刀 切り出し刀

　丸刀 平刀

・イメージに合うように彫刻刀を使い分け、彫り進めるよ

→鋭い線

　柔らかい線

　ぼかしの効果

⑥**一版多色版画の制作手順を理解し、刷ろう（表現）**

・刷りの手順を知ろう

ⅰ）版の一辺と刷り紙をマスキングテープで固定をする

ⅱ）1色毎にポスターカラーを使って色を版に置いていく

ⅲ）刷り紙をかぶせて、上からバレンで擦る

ⅱ）とⅲ）を繰り返す

・刷り

→用紙は、鳥の子紙か黒ラシャ紙のいずれかを作品のイメージに合わせて選択する

→1人4枚制作する

→版画作品のエディションナンバーについて触れる

⑦**相互鑑賞を行い、自他の作品の工夫や版画のよさを感じ取ろう（鑑賞）**

・鑑賞シートの【鑑賞の視点】に沿って、仲間の作品のよさを感じ取ったり、自分の作品を振り返ったりする

⑧**学級の作品集として、切手サイズに加工し、シートにして全員に配る**

→ **指導ポイント⑤**

・図画工作科では、三角刀や丸刀で済ませる傾向がある。美術では、切り出し刀の使い方を習得させたい

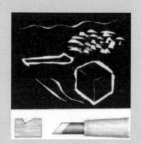

切り出し刀

・試し彫りが自由にできるように版木を試し彫り用に準備しておく

・安全面には十分配慮する

→ **指導ポイント⑥**

・素早い作業ができることと、重ね刷りによる深みのある色彩表現ができるよう指導する

・ポスターカラーはマヨネーズくらいの濃さ

・色をのせ過ぎたり、水が多いと線彫りの線から、外側へはみ出るので要注意

・たくさんの枚数を刷るときには、版がずれないようにトンボを使うこともあることを知らせる

・用紙を選択させる際には、輪郭線が白か黒かどちらが作品のイメージに合うかを考えさせる

→ **指導ポイント⑦**

・鑑賞シートには、【鑑賞の視点】を記述しておき、鑑賞しやすくする

→ **指導ポイント⑧**

・作品を切手サイズに加工をし、シールシートにカラー印刷をする

（片山 智代江）

6 サークルワールド ～ドライポイントに挑戦！～

📖 題材の紹介

　丸い形の塩化ビニル板を使い，ドライポイントの版画で制作する。「サークルワールド」をテーマとし，丸く広がる空想の世界を表現する。そのために，魚眼レンズを通した世界に触れ，見え方の特徴を理解させる。生徒は丸く大胆に形を歪ませることで，イメージを強く表現できることに気付き，デフォルメのおもしろさを味わうことができる。また，版づくりでは，線の重なりや太さを変えることによって，より効果的な表現が生まれることに気付く。

　見たままの形をかくことだけがよいのではなく，自分の思いに合わせて形を変えたり，デフォルメしたりするよさを味わうことのできる題材。

🕐 時間：6時間完了

1 目　標

・ICT を活用して魚眼レンズを通した見え方の特徴を理解し，曲線を生かしたデフォルメを強調して表現することができる。　　　　　　　　　　　　　　　　　（知識及び技能）
・魚眼レンズを通して見える不思議な「丸い世界」に興味をもち，想像する楽しさを味わいながら，下絵をかくことができる。　　　　　　　　　　（思考力，判断力，表現力等）
・互いのアイデアスケッチを見合うことで活発に話し合い，発想や表現の幅を広げたり，友人の発想のよさに気付いたりしようとする。　　　　　　（学びに向かう力，人間性等）

2 準備物等

教師：大型ディスプレイ，書画カメラ，デジタルカメラ，プロジェクター，
　　　参考作品，ニードル，塩化ビニル板，ワークシート（ドライポイントトレーニング），
　　　ペン類，ステンレスボール，見当紙，鑑賞カード

③ 評価シート　サークルワールド

評価項目	評価場面	評価規準	評価
知識・技能	③	線の重なりや太さを変えて，効果的に表現することができる。	
	④	見当を使って，美しく刷ることができる。	
思考・判断・表現	①	想像を膨らませて，自分の世界をかくことができる。	
	②	丸い形を生かして，表現したモチーフの大きさや形を工夫することができる。	
主体的に学習に取り組む態度	⑤	発想や表現の幅を広げたり，友人の発想のよさを感じたりしようとしている。	

✏️ 授業づくりのアドバイス

　魚眼レンズの歪んだ映像を見せたことで，生徒が丸い世界のイメージを膨らませ，円を生かしたデフォルメを施したアイデアスケッチをかくことができました。生徒たちは，見たままの形をかくことだけがよいのではなく，自分の思いや目的に合わせて形を変えるよさを知ることができました。指導にあたっては以下の2点がポイントです。

・ステンレスボールを使って生徒の顔を写しながら，顔のパーツに注目させ，押しつぶしたり，伸ばしたりして形を大胆に変えることのおもしろさに気付かせる。

・線の重なりに規則性をもたせたり，太さを変えたりすることで，より効果的な表現ができることに気付かせる。

　しかし，実際に授業をする中で，投影した映像が小さかったため，生徒はよく観察することができず，歪み方や，おもしろい部分に十分注目させることができませんでした。映像を拡大し，大型ディスプレイいっぱいに写し出し，話し合いがより活発に行われるようにするとよいでしょう。

4 指導過程

①想像を膨らませ「サークルワールド」をかこう（構想）

丸い世界の特徴などを話し合う

②円の形を生かしアイデアスケッチをかこう（構想）

- 顔を押しつぶしたり，伸ばしたり，形を大胆に変えるとおもしろいよ
- 丸く大胆に形を歪ませて表現すると，「丸い世界」のイメージを強く表現することができるなあ
- 円の外側は丸い形に沿って伸ばすとおもしろいなあ

➡ 指導ポイント①

- ドライポイントの制作方法を視覚で的確に理解できるよう，ニードルと塩化ビニル板を用いながら解説する
- 円の輪郭に沿って形が変形することを確認できるよう，プロジェクターを用いて，魚眼レンズで撮影した写真を投影する

魚眼レンズを通したイメージの共有

➡ 指導ポイント②

- 机間指導をし，パーツに注目し，それぞれの大きさを自由に変えてみるよう促す
- 円の輪郭を生かしたデフォルメができている生徒を称賛する
- 作業が進んでいない生徒には，ステンレスボールに自分の顔を映して見るように指示する

ステンレスボールの活用

③太さや重なりを変えて版をつくろう
（表現）

・線を交わらせたり，点でかいたりすると，
　表現を変えられておもしろいなあ
・暗くしたいところは力を入れて彫ると太い
　線になるなあ

→指導ポイント③

・上下が分かるように，あらかじめ塩化ビニ
　ル版に油性マーカーで上下をかくように伝
　える
・油性ボールペンでハッチングの練習をする
　時間を設け，線の重なりや太さを変えるこ
　とによって効果的な表現が生まれることを
　確認する

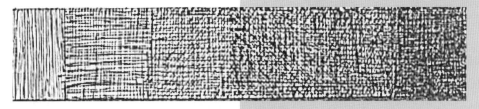

線の重ね方の資料

④刷り（表現）

見当を使ってプレス機で刷る

→指導ポイント④

・上下を間違えないように，プレス機に上下
　が記してある見当紙をのせておく

⑤みんなの作品を見て，自他の作品の工夫や発想のよさに気付こう（鑑賞）

・線の重なりをうまく使って，グラデーショ
　ンにしていてきれいだった
・円の形に沿って，模様を曲線に変えていて，
　丸い世界が上手に表現できていた

→指導ポイント⑤

・よさを見つけさせる際に，なぜよいと感じ
　たのか具体的に観賞カードに記入するよう
　伝える

（井端　薫子）

7 美しい構成と装飾 〜身近なものの特徴を捉えて〜

📖 題材の紹介

野菜や果物などの身近な自然物の観察を通して，自然物がもつ形のおもしろさや色彩の美しさから発想を広げ，配置や配色の効果を生かした平面構成が表現できる題材。

⏰ 時間：8時間完了

1 目　標

・構成美の要素（形や色の組み立てにある秩序）や色彩についての基礎・基本的な内容を理解し，スケッチしたり，着彩表現したりすることができる。　　　　　　　（知識及び技能）

・友人の表現のよさや工夫から自らの作品に生かすことのできる課題を見つけ出し，配置や配色を工夫しながら平面構成をすることができる。　　　　（思考力，判断力，表現力等）

・制作に対する見通しをもち，主体的に造形的な表現をしようとする。

（学びに向かう力，人間性等）

2 準備物等

教師：ワークシート①（自然物の観察スケッチから単純化した作品をかくためのワークシート）②（単純化した作品を使って平面構成するためのワークシート）③（本時のめあてを振り返り，制作進度を自己評価するための制作シート）

ケント紙（発色性がよく水分の吸収や乾きが早い。着彩での筆運びが滑らか。平面構成を考えさせたり，着彩の時間を考慮したりすると16切（190×270㎜）サイズが適当），参考資料

生徒：野菜や果物などの身近な自然物（形や色に特徴のあるもの。ピーマン，ゴーヤ，れんこん，たまねぎ，りんご，いちご，バナナなど）

デザイン用具一式（直定規，三角定規，コンパス，マスキングテープ，はさみなど）

絵の具セット（ポスターカラー。筆は面相筆，彩色筆，平筆の3種類が準備できるとよい。アクリルガッシュでも可能），色鉛筆

3 評価シート　美しい構成と装飾

評価項目	評価場面	評価規準	評価
知識・技能	①	構成美の要素や色彩についての基礎・基本的な内容を理解することができる。	
	②⑨⑩	自然物がもつ形のおもしろさや色彩の美しさを捉えながら，スケッチしたり，彩色したりすることができる。	
思考・判断・表現	③④⑥⑦	自然物の特徴を生かした造形的な形をつくり出し，配置や配色を工夫しながら平面構成することができる。	
	⑤⑧	友人の作品から表現のよさや工夫，意図を味わいながら，自らの作品に生かすことのできる課題を見つけ出すことができる。	
主体的に学習に取り組む態度	⑪	本時のめあてを自己評価欄で振り返り，次時の造形的な表現の見通しをもとうとしている。	

✏️ 授業づくりのアドバイス

　身近な自然物をモチーフとして取り上げ，観察方法を工夫しながらスケッチをすることで，自然物がもつ形のおもしろさや色彩の美しさに気付き，デザイン表現に必要な多様な視点から見る力を育むことができます。

　自然物の特徴を生かした造形的な形をつくり出し，構成美の要素や色の性質を理解することで，自分らしいデザイン表現ができ，豊かに発想し想像する能力や形や色をつくり出す能力を身に付けさせることができます。

　対象物から感じる思いは個々の感受性や生活経験によって異なるため，表現の在り方も様々です。友人の作品の表現のよさや工夫をどのように自己の表現に生かしていくか，変容を捉えていくことができます。

4 指導過程

①自然美と作品の関連を知り，平面構成の
　方法を知ろう（課題設定）

・かかれている自然物はなんだろう

・どんなルールで画面がまとめられている
　のだろう

・小学校で使っていた水彩絵の具とは，彩
　色の仕方が違うよね

②自然物をいろいろな角度から観察し，形
　の特徴を見つけよう（観察スケッチ）

・真上，真下，側面，断面など，いろいろな
　角度から観察スケッチをかこう

・スケッチの余白には，観察したことや触
　って感じたことをメモしておこう

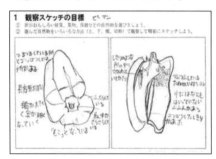

ピーマンをスケッチと言葉で観察

③観察スケッチをもとに，自然物の特徴を
　生かした単純化作品をかこう（発想）

・直線で形を単純にしてみよう

・曲線で形を単純にしてみよう

・直線や曲線を組み合わせてみよう

・省略や強調を考えてみよう

④色の性質や組み合わせを生かし，色鉛筆
　を使って，単純化作品の配色を考えよう
　　　　　　　　　　　　　　　　（発想）

➜ 指導ポイント①

・参考作品から，構成美の要素の基礎的な内
　容を理解させる

・参考作品から，配色の美しさを視覚で捉え
　させる（ポスターカラーの紹介）

・色の組み合わせによる配色効果を理解させ
　る

➜ 指導ポイント②

・断面の観察スケッチでは，教師が事前に包
　丁を準備しておき，生徒に切断させる

・ピーマンのように切断方向が縦・横と異な
　ることで，断面の形の特徴が異なることを
　知らせる

・自然物の形や色彩が具体的にイメージでき
　るよう，特徴を言葉で記述させる

➜ 指導ポイント③

・単純化作品は，抽象的な形でもよいことを
　知らせる

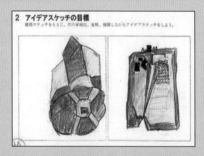

ピーマンのアイデアスケッチ

➜ 指導ポイント④

・単純化作品は，自然物から感じ取った色彩
　を主調色として，配色することを知らせる

⑤友人のアイデアのよさや工夫を参考にしながら，自分の単純化作品がよりよくなるための課題を見つけよう（鑑賞）

・立体感を意識して表現されているね

・自然物がもつ色の変化を模様として表現されているね

⑥自然物からの単純化作品を主題にして，構成美の要素を活用しながら平面構成を考えよう（構想）

⑦色の性質や組み合わせを生かし，色鉛筆を使って，配色計画を考えよう（構想）

⑧友人のアイデアのよさや工夫を参考にしながら，自分の平面構成がよりよくなるための課題を見つけよう（鑑賞）

⑨アイデアスケッチをもとに，ケント紙に平面構成の下がきをしよう（表現）

⑩配色計画にもとづき，ポスターカラーで着彩をしよう（表現）

・ポスターカラーで着彩した作品の仕上がりは，むらがありませんね

・ポスターカラーの水の量は，多めになりがちなので注意しましょう

・混色は，色と色をしっかりと混ぜ合わせ，分量はやや多めにつくりましょう

・グラデーションによる色の変化は，明度の高い色（例：白）に明度の低い色（例：黒）を少量ずつ混色しましょう

・着彩は，はじめに面相筆で輪郭線や細部を塗り，次に彩色筆や平筆で中を塗りましょう

・縦・横方向に交差させて塗るとむらになりにくいです

⑪友人の表現のよさや工夫，意図を味わいながら，自己の表現活動を振り返ろう（鑑賞）

➡ 指導ポイント⑤

・相互鑑賞の視点として，友人が選んだ自然物の特徴をどのように単純化作品としてかいているか着目させる

➡ 指導ポイント⑥

・構成美の要素は，いくつ組み合わせてもよいことを知らせる

➡ 指導ポイント⑦

・主調色となる単純化作品と背景の配色が，同一色相とならないよう知らせる

➡ 指導ポイント⑧

・相互鑑賞の視点として，友人がかいた平面構成には，構成美の要素がどのように組み合わせられているか着目させる

➡ 指導ポイント⑨

・画面全体の大まかな位置や大きさを捉えた後，細部の描画を進めることを知らせる

➡ 指導ポイント⑩

・ポスターカラーでの着彩技能が身に付くよう，細かな留意点について，資料や写真を提示したり，模範実演を行ったりしながら視覚で捉えさせる

水分が少ない　　水分が適量　　水分が多い

➡ 指導ポイント⑪

・自他の表現のよさや工夫，苦労したことなどについて言葉で記述させる（國宗 勝利）

8 形を単純化して配色を意識して表現しよう ～色の知識を活用して～

📖 題材の紹介

アイデアのもととなる写真資料から発想を膨らませ，植物や昆虫の形を単純にします。色の知識を活用して，同系色が隣り合わないように構成して，植物や昆虫が目立つように工夫していく題材。

🕐 時間：13時間完了

1 目　標

・明暗の差をつけたり，配色の変化を生かしたりして，主役のモチーフがはっきりと見えるように作品に着色することができる。　　　　　　　　　　　　　　　　（知識及び技能）
・写真などの資料をもとにしてモチーフの形を単純に表現し，主役のモチーフが目立つ配色を考えて，平面に構成することができる。　　　　　　（思考力，判断力，表現力等）
・自分の作品と向き合い，作品をよりよくしようとする。　　　（学びに向かう力，人間性等）

2 準備物等

教師：塩化ビニル板，ベニヤ板，教師作品
　　　ワークシート（形の単純化の練習用・アイデアスケッチ用・鑑賞カード）
生徒：絵の具セット（アクリルガッシュ），色鉛筆，植物や昆虫の写真

近景・中景・遠景の3枚の絵を重ねる

3 評価シート　形を単純化して配色を意識して表現しよう

評価項目	評価場面	評価規準	評価
知識・技能	②	決められた形からはみ出さず，絵の具に色むらもなく着彩することができる。	
	⑥	自分でかいた花や昆虫の形からから大きくはみ出さず，絵の具に色むらもなく着彩することができる。	
思考・判断・表現	③④⑤	花の形や花の模様などに変化をつけたり，花が目立つように色使いを意識したりすることができる。	
主体的に学習に取り組む態度	⑦	観点に合った内容が書け，カードに自分の作品について記入しようとしている。	

✎ 授業づくりのアドバイス

　「自分で考える時間をつくる」「発想する力を伸ばす」ということを意識した題材です。頭の中のイメージを実際にかいてみて，思った通りになっているのか，イメージと違っているのか，ということを試行錯誤しながら制作に取り組めるようにしました。ぜひ，参考にしてみてください。

　授業づくりのアドバイスは，発想や構想の段階で，花粉を円や三角などの図形で表現したり，花びらの模様を直線で表現したりするなど，本物そっくりではなく，単純な形で表現できるようにすることです。そのために，練習用のワークシートを準備して丁寧な指導を心がけます。平面構成のポイントが理解できれば，生徒たちは作品づくりに意欲的に取り組みます。

　着彩については，必要な「補色」「同系色」「寒色」「暖色」という色についての用語を使いながら，効果的な表現についても学ばせます。どういう色の組み合わせや配色がよいのかを考えることで，表現の意図や思いに合った着彩ができるようになります。また，ワークシートを使って，色鉛筆で着彩するので簡単に配色の見直しができます。さらに，中学校で多く使うアクリルガッシュの使い方も練習します。こうした段階を経ていくことで，失敗を防ぎながら着実に表現に必要な技能や知識が身に付くと思います。

4 指導過程

①色の関係を知ろう（色彩の理解）

・「有彩色」や「無彩色」ってなんだろう

・「寒色」と「暖色」の違いを見つけよう

②色むらなくはみ出さずに着色しよう

（着彩の練習）

・アクリルガッシュってなんだろう

・2つの正方形の形を平筆で塗ってみよう

・薄くなったり，かすれたりしないように水の量に気を付けよう

・筆を使い分けて，複雑な形（葉の形）を塗ってみよう

・細くなっている部分を塗る工夫を考えながら塗ろう

・塗り終わったら，薄くなっているところやはみ出しが無いか確認しよう

③形を単純にするしくみを考えよう

（発想・構想の練習）

・影を付けたり，花粉や花びらの模様を細かくかいたりしないようにしよう

・色鉛筆を使って色使いの練習もしよう

・無彩色は使わず，隣り合う色は違う色にするという決まりを意識した図の構成を考えよう

④形を単純にして表現しよう

（発想・構想の練習）

・花の資料を参考に，図形や直線を使って形を簡略した表現に取り組もう

・③での活動を振り返るため，ファイルに綴ってあるワークシートを見直しながら，作業を進めよう

・遠景には花，中景には枝や葉，近景に昆虫の3枚の絵をかこう

→ 指導ポイント①

・毎時間の終わりに，図を提示して，色に関する用語についての問題を出す

→ 指導ポイント②

・資料集に掲載されている手本を見て，「色むらがない」状態を共通理解する

・正方形は平筆のみを使用し，複雑な形については面相筆や彩色筆も使用を許可する

・よい例と悪い例を示し，作業の方向性を示し，困り感を軽減する

・作業が雑にならないように，2時間設定で行い，1時間で正方形2つ，もう1時間で葉の形の着彩を行うようにする

・学習課題の中に「完成すること」は入れない

→ 指導ポイント③④

・花粉を円や三角などの図形で表現したり，花びらの模様を直線で表現したりするなど，本物そっくりではなく，単純な形で表現できるようにする

・③では色鉛筆で着彩し，色を使う練習に取り組めるようにする

・全員が同じ花の写真を参考にして，花の形を単純にした平面構成に取り組む

・教師の例を見ながらかき，模写や写生にならないように気を付けたい

花の形を単純にする練習用ワークシート

・透明な板の重なりを考え色の工夫をしよう

⑤**奥行きを意識しながら，花の形がはっきりと目立つ配色を考えよう（発想・構想）**

・「補色」「同系色」「寒色」「暖色」という色についての用語を使いながら，発表していこう

・色だけではなく，形や大きさにも注目してみよう

・色鉛筆で塗ったワークシートの1回目の配色計画から，花が目立つ配色への見直しをしてみよう

⑥**ベニヤ板，塩化ビニル板への着色（表現）**

・ベニヤ板への鉛筆での下がき，アクリルガッシュでの着彩に取り組もう

・「色むらなく，はみ出さずに塗る」という目的意識をもって制作を進めよう

・②でのアクリルガッシュの使い方の練習を振り返り，水の量や筆の使い分けを意識しよう

⑦**活動を振り返り，作品を鑑賞しよう（鑑賞）**

・制作を振り返り，クラス内で作品を鑑賞しよう

・学習課題を意識した制作ができているかに注目して鑑賞しよう

・自分の作品について振り返ろう

・作品の名札制作をしよう

・タイトルを考えよう

→ **指導ポイント⑤**

・具体的な問題点を意識できるように，同じ絵で，色使いを変えた4つの作品例を示す

・遠景の主役が「花」であることを意識する

・教師の作品例を見て，問題点と解決方法を話し合い，発表する

・作品全体を見るのではなく，視点を絞り色使いや形に着目するように伝える

・教師作品を拡大した図を提示し，作品の問題点に気付くようにする

・「この作品の主役は？」と，焦点を当てる箇所を絞って発問し，目標に迫る

・改善点を探すときには，周囲の生徒と話し合わせ，意見を発表しやすくする

問題点を探すための作品例，板書

→ **指導のポイント⑥**

・作業を効率よく進めるために，はみ出してしまった箇所については，乾いた後に上から塗りつぶすなどの説明をする

→ **指導のポイント⑦**

・感想になってしまわないように，作品を見る観点を示す

・「自分だったら○○する，というアドバイス」「学習課題を意識した制作ができているか」「作品同士を比較してみる」「クラス全体を見て分析する」などの鑑賞の観点を具体的に提示する

（成田 絢香）

9 レタリング ～絵文字が動き出す！～

📖 題材の紹介

　中学校で初めて扱うレタリングを楽しく学ぶために，好きな文字を1文字選び，制作する。明朝体のレタリングと，その文字の意味に合う絵を組み合わせてつくるデザインの題材。

🕐 時間：9時間完了

1 目　標

・丁寧に下がきし，筆を正しく用いながらむらなく塗ることができる。　　　（知識及び技能）

・自分が選んだ文字の意味を考え，相手に意味が伝わるデザインを制作することができる。

（思考力，判断力，表現力等）

・明朝体，ゴシック体の特徴を理解し，レタリングの技術を積極的に学ぼうとする。

（学びに向かう力，人間性等）

2 準備物等

教師：A4画用紙（本番用），題材名・名前・作品をかく四角枠，自分の作品を説明する文の欄，ワークシート（アイデアスケッチ用紙，鑑賞プリント），レタリング事典，ラミネートした参考作品，むらなく色面を塗る水の量が理解できる実物資料，付箋（アイデアスケッチ時に使用）

生徒：絵の具セット（アクリルガッシュ），色鉛筆

A4画用紙（本番用）

③ 評価シート　レタリング

評価項目	評価場面	評価規準	評価
知識・技能	②	明朝体の特徴を捉えながら，「永」の文字をレタリングすることができる。	
	⑦⑧	明朝体の特徴を理解し，丁寧に下がきをかくことができる。絵の具や道具を正しく使うことができる。	
思考・判断・表現	③〜⑤	自分の伝えたいイメージをより伝わりやすい絵文字になるように，創意工夫しながら制作することができる。	
	⑥⑨	友人の作品について，具体的に言葉で表現することができる。	
主体的に学習に取り組む態度	⑥⑨	レタリングの技術を積極的に学び，工夫された絵文字になるように制作しようとしている。	

✏️ 授業づくりのアドバイス

　この題材は，中学校で初めて使用するアクリルガッシュ，平筆，面相筆の基本的な使い方を身に付けさせるのに効果的な題材です。普段何気なく見ている文字ですが，伝えたい目的に合わせて文字がデザインされていることに，この題材を通して気付かせることができます。一見難しそうなレタリングですが，要点を押さえて練習していくうちに，次第に特徴を捉えてかけるようになります。

　この題材において特に大切にしたいことは，以下の3点です。

・導入時に実際に使われているレタリング資料を見せ，鑑賞を行うことで身近にあるレタリングのよさに触れること。

・アイデアスケッチ時には，より相手に伝わるデザインになるように付箋を用いて相互鑑賞を行うこと。

・着彩時には，実物の色を塗った資料を用意し，水の割合や筆の使い方が適切かどうか机間指導を行うこと。

4 指導過程

①ゴシック体と明朝体について知ろう
（レタリングの知識）

・私たちの身近にある文字は，誰かが考えてできた文字なんだ
・明朝体はとめやはらいが習字のようだな
・明朝体はゴシック体と違って，横は細く縦は太いのが特徴だな
・ゴシック体は同じ太さだな

②明朝体を書いてみよう（トレーニング）

・まっすぐなところは定規を使おう
・本をよく見て書いてみよう
・習字を意識して書こう
・何度も書くうちに書けるようになってきた

③かきたい文字をレタリング事典から探そう
（イメージづくり）

・絵を考えやすい文字にしようかな
・自分の名前にしようかな
・おもしろい絵文字がかきたいな
・人が驚く絵文字にしたいな

④文字に合う絵と文字の意味を連想させる物語の一場面を考えよう（構想）

・「涼」に合うのはスイカや海の場面かな
・「喫」は「喫茶店」をイメージして紅茶のカップをかこう
・「泳」は泳いでいる人を表現しよう

⑤イメージが伝わる配色を考えよう（構想）

・夏の空を表現したいから，背景は水色にしようかな
・紫色を引き立てる補色の黄色を使おう
・やさしい印象にするには何色がいいかな
・文字は赤色にしたいから，背景はそれに合う色がいいな

➡ 指導ポイント①

・ゴシック体と明朝体を拡大した資料を提示し，字体の特徴を全体で考えさせる
・習字のように一発書きではなく，何度もかき直せるのがレタリングのよいところであることを伝える

➡ 指導ポイント②

・手本をよく見て書くことが大切であることを伝える
・修正しやすいように，書き始めは薄く書くことを伝える

➡ 指導ポイント③④

・イメージを膨らませる手がかりとなるように，過去の参考作品を提示して説明する
・まず，レタリング事典からは文字を10点選ばせる。そこからさらに3点に絞らせ，アイデアスケッチをかかせる
・文字と絵の割合が5：5になるように構成させる
・物語性のある絵にすることを伝え，ワークシートには，絵をかく枠の他に物語を記入する欄を用意する
・言葉から絵を連想するのが苦手な生徒には，個別に声かけする

➡ 指導ポイント⑤

・見る人に文字の意味が伝わりやすく，魅力的に伝わる作品になるように考えさせる
・補色の関係，色のトーンについて再認識させるために，同じ絵柄で色やトーンが違うものを参考資料として提示する
・絵文字が目立つ配色を考えさせる
・文字に縁取りをしないことを伝える

⑥文字の意味が伝わる絵になっているのかグループで考えよう（鑑賞）

・絵をもう少し大きくした方が伝わるよ

・動きのある線を入れてみたらボールが飛んでいくのがもっと伝わるよ

・友人の意見を聞いて，悩んでいたことが解決したよ

・友人と話し合うことで，新しいアイデアが浮かんできたよ

・アイデアがおもしろいと言われて嬉しいな，色塗りもがんばろう

⑦下がきをかこう（表現）

・文字が小さすぎないようにかこう

・まっすぐなところは定規を使おう

・参考資料をもとに絵をかこう

⑧着彩しよう（表現）

・アクリルガッシュは小学校の水彩絵の具とは全然違う種類なんだ

・水の量に気を付けて塗ろう

・新しい筆を上手に使って塗りたいな

・絵の具は少し余るようにつくるのがポイントだな

⑨友人の作品を鑑賞しよう（鑑賞）

・細かいところまで丁寧に塗れているな

・自分にはないアイデアですごいな

・配色が工夫されていて絵文字が見やすいな

・友人の作品を見るのは楽しいな，自分も納得できる作品づくりをしたいな

➡ 指導ポイント⑥

・アイデア，配色，構成について，具体的なアドバイスを付箋に記入させる

・友人のアドバイスを聞いて，それを取り入れるかどうかは自由であることを伝える

・記入した付箋は相手に内容を伝えながら手渡しさせる

・受け取った付箋は自分のワークシートに貼り付けさせる

➡ 指導ポイント⑦

・画用紙に下がきをかく際は，文字を枠いっぱいにかくように指導する

・本番用紙なので，修正しやすいように，かき始めは薄くかくように指導する

➡ 指導ポイント⑧

・水彩絵の具に慣れている生徒たちにとっては，言葉で説明するだけでは水の量を理解するのは難しいので，自作の資料を提示する

・筆の使い方，塗り方，道具の置き方も指導する

➡ 指導ポイント⑨

・画面構成，配色，着彩時など鑑賞する視点を指定する

・自分の感じたことが人に伝わる文章にするために，なぜよかったと感じたのかを具体的に書くように指導する

・友人の作品のよさを全体に発表する時間をつくることで，自分の作品に自信をもつきっかけをつくる

（谷口　恵子）

完成した作品

完成した作品

10 世界一短い自己紹介！

📖 題材の紹介

　自分の性格をテーマに，イニシャルの文字，形や配色を工夫したロゴマークをデザインする。これからの学校生活をともにする仲間たちに自分自身のことをより強く伝えたり，仲間のことをより深く知ったりすることができる題材。

🕐 時間：9時間完了

1 目　標

・自分の性格が伝わりやすいロゴマークを制作するために，構図を単純化したり，アクリルガッシュの特色を生かしたりするなどの技法を活用し，デザインができる。　**（知識及び技能）**

・自分の性格が伝わりやすいロゴマークとなるような配色や，図形の配置・組み合わせ，文字自体のスタイルなどを工夫した構図を考えることができる。　**（思考力，判断力，表現力等）**

・自分の性格を表すロゴマークのデザインが，友人により伝わるようにその構図や配色を工夫しようとする。　**（学びに向かう力，人間性等）**

2 準備物等

教師： 八つ切画用紙（ロゴマークの大きさ（15cm×15cm以内）や着彩の時間を考慮すると，八つ切もしくはそれ以下の大きさの画用紙），ワークシート（自分の性格を考える，ロゴマークのデザインを考える，配色を考える）

生徒： 絵の具セット（アクリルガッシュ・ポスターカラーどちらも可）

3 評価シート　世界一短い自己紹介！

評価項目	評価場面	評価規準	評価
知識・技能	⑧	自分の性格が伝わりやすいロゴマークを制作するために，構図を単純化してデザインすることができる。	
	⑧	色が不透明な性質やむらなく平塗りをすることができる性質など，アクリルガッシュの特色を生かした技法を活用することができる。	
思考・判断・表現	⑥⑦	自分の性格が伝わりやすいロゴマークとなるような配色や，図形の配置・組み合わせ・文字自体のスタイルなどを考えた構図を考えることができる。	
	⑨⑩	友人と自分のロゴマークを見比べる中で，文字のスタイルや配色から作者の意図と工夫のよさを認めることができる。	
主体的に学習に取り組む態度	⑥⑦	自分の性格を表すロゴマークのデザインを，友人により伝わるように，その構図や配色を工夫しようとしている。	

🖊 授業づくりのアドバイス

　本題材において生徒は，色や形から伝わるイメージを利用しながら，自分の性格がより相手に伝わるロゴマークのデザインを探求していきます。デザインを探求する中で生徒は，目的や情報を伝達するというデザインの役割について深く学ぶことができます。自分の性格をテーマにすることで，中学校に入学し，これからの学校生活をともにしていく仲間たちに，自分のことをより詳しく伝えたり，作品鑑賞を通じて仲間のことをより深く理解したりして，仲間との絆を深めることができます。このような考えのもと，本題材を通じて生徒に特に身に付けてほしい力は以下の2点です。

・目的や条件などをもとに，美的感覚を働かせて，構成を考え，表現の構想を練る力。
・他者の立場に立って，伝えたい内容について分かりやすさや美しさなどを考え，表現の構想を練る力。

　私たちの身近には美しいデザインがたくさんあふれています。この題材を通じて，生徒がこれから学校生活をともにしていく仲間たちと，その絆を深めるだけでなく，今まで気が付いていなかった身近にある美しいデザインに目を留め，そのデザインのよさや美しさを楽しんでくれるようになると嬉しいです。

4 指導過程

①ロゴマークに隠された秘密について話し合おう（イメージづくり）

・ロゴマークにはつくった人の思いが込められているんだね

・確かにロゴマークから，企業のイメージが伝わってくるなあ

②自分で自分にぴったりな性格を考えよう（テーマ決め）

・「自分」をキーワードに自分の性格について考えると，他にも自分にぴったりな性格を見つけたいな

③友人に聞いて自分にぴったりな性格を見つけよう（テーマ決め）

・友人には自分はマイペースな人に見えているんだな

・自分の思った性格と，友人から見た性格は違ったよ

・自分に一番ぴったりな性格は「冷静」かな

④色や形が伝えるイメージについて知ろう（理解）

・赤色からは暖かい印象を受けるね

・□よりも○のほうがやわらかそうだね

・色や形には見る人にイメージを伝える役割があるんだね

⑤わずかな形の違いで伝わるイメージが変わることを知ろう（理解）

・しずくの形は涙を連想させるから「涙もろい」性格が伝わってくるね

・しずくの曲線をすべて直線的にしたら氷の粒みたいで冷たい感じがするね

・もとは同じ形でも線や角の形が変わるだけで，伝わる印象が変わるね

→ 指導ポイント①

・企業のロゴマークを見て，そのロゴマークがどのような考えや思いからデザインされたかを中心に話し合うよう指示する

・デザインには見る人に思いや考えなどを伝達する役割があることを伝える

→ 指導ポイント②③

・自分が思う自分の性格と友人から見える自分の性格の中から，自分の性格として最もぴったりな性格を選び，テーマを考えるよう伝える

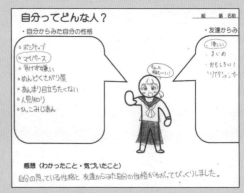

→ 指導ポイント④

・色や形を見て，具体的なものを想像し，受けるイメージについて話し合うよう指導する

・色や形には見る人にイメージを伝える役割があることを伝える

→ 指導ポイント⑤

・ロゴマークの形は，線の交わりがなく一筆がきでかくことができる形を考えるよう伝える

・似た形だが，線や角の形がわずかに異なる様々な形を見せ，それぞれから伝わるイメージの違いを考えるよう指示する

⑥イニシャルと形を組み合わせ，ロゴマーク
をつくろう（構想）

・丸を曲線じゃなくて，角張った丸に変えて
　みようかな
・文字の形も，ロゴマークの形に合わせて，
　丸みのある形にしてみようかな

⑦自分の性格を表すのにぴったりな色を見つ
け配色を考えよう（構想）

・「明るい」性格に合わせて，黄色と赤色を
　使うことに決めたよ
・配色によって印象や伝わるイメージが変わ
　るんだね
・形とイニシャルの文字の配色は逆にしたほ
　うがいいな

⑧自分の性格を表すロゴマークをつくろう
（制作）

・色はもっと濃い色にしたほうがいいな
・はみ出さないように塗るのは難しいな

⑨みんなの作品を見て，自分の作品の改善点
を見つけよう（鑑賞）

・友人のロゴマークの形や色から友人の性格
　が伝わってきたよ
・「ポジティブ」な性格を表すのにさらに明
　るい黄色を使ってもいいな
・自分のロゴマークをもっといいものにした
　いな

⑩自分のロゴマークを手直ししよう
（制作の手直し）

・形をより丸みのある形に変えてみたよ
・形を明度の高い色でかき直したらさらにロ
　ゴマークから自分の性格が伝わるようにな
　った気がするよ

→ 指導ポイント⑥

・ロゴマークのテーマや形に合わせてイニシ
　ャルの文字の形を工夫するよう伝える

イニシャルの文字の形も工夫する

→ 指導ポイント⑦

・使ってよい色は，形で１色，イニシャルで
　１色の計２色であることを説明する
・同じ２色でも配色が異なるだけで伝わるイ
　メージが違うことに気付かせる

配色によって伝わるイメージが異なることを捉える

→ 指導ポイント⑧

・絵の具を溶く水の量や，着彩の手順など着
　彩のポイントを指導する

→ 指導ポイント⑨

・作品からテーマ（性格）が伝わってくるか
　を視点に鑑賞させ，見つけた表現のよさか
　ら自分のロゴマークをさらに相手に自分の
　性格が伝わりやすくなるための方法や改善
　点を考えるよう指導する　　　（鈴木　悠人）

11 ブレイクするドリンクはこれだ
～ペットボトルラベルデザインに挑戦～

📖 **題材の紹介**

　オリジナルドリンクのコンセプトを考えたり，そのコンセプトにふさわしいラベルのデザインを構想したりして，身近なパッケージデザインについて見方を広げることができる題材。

🕐 **時間：12 時間完了**

1 目　標

・ロゴや図柄の表し方や，描画材の着彩方法を工夫し，自分のイメージにあった表現を追求することができる。　　　　　　　　　　　　　　　　　　　　　　　　　　（知識及び技能）

・消費者に手に取ってもらえるようなドリンクのコンセプトを考え，そのコンセプトをもとに，つくりたい作品のイメージを明確にし，「ロゴ」「図柄」「配色」のデザインの構想を練ることができる。　　　　　　　　　　　　　　　　　　　　　（思考力，判断力，表現力等）

・商品の特徴を明確に示したり，魅力を引き立たせたりするパッケージデザインのおもしろさに気付き，他者にコンセプトが伝わるデザインを考えようとする。

　　　　　　　　　　　　　　　　　　　　　　　　　　（学びに向かう力・人間性等）

2 準備物等

教師：ワークシート（ラベルデザインの３つの観点を
　　　知る，グループ鑑賞），既成のペットボトル
　　　（鑑賞用に利用），デザインシート（画用紙），
　　　ラベルデザインのシール（デザインシートを印
　　　刷してシールにする。完成後，ペットボトルに
　　　貼る）

生徒：空のペットボトル容器，色水用の絵の具（透明
　　　水彩絵の具など），描画材（色鉛筆，色ペン，
　　　クレヨン，水彩絵の具セットなど）

生徒の制作したデザインシート

※染料系プリンターインクは安全性が担保されていないので使用不可。

3 評価シート　ブレイクするドリンクはこれだ

評価項目	評価場面	評価規準	評価
知識・技能	⑥	ロゴ・図柄の表現の仕方を工夫して表現することができる。	
		着彩の仕上がりの美しさを追求して表すことができる。	
		描画材の着彩方法を工夫して，自分のイメージに合った表現をすることができる。	
思考・判断・表現	②	オリジナル性の高いコンセプトを考えることができる。	
	③〜⑤	コンセプトにあった「ロゴ」「図柄」「配色」を工夫することができる。	
	⑤⑦	友人の作品に対して「ネーミングやロゴ」「図柄」「配色」の観点でアドバイスやよいところを記述することができる。	
主体的に学習に取り組む態度	①〜⑦	他者にコンセプトが伝わるデザインを追求して，制作に取り組もうとしている。	
	⑦	目標が達成できたかを「制作を振り返って」に記述しようとしている。	

✎ 授業づくりのアドバイス

　この題材は，アイデアを考えることが苦手な生徒たちが，自分のつくりたいイメージを言葉によって具体化させることで，そのコンセプトをもとにして，自分の意図に応じた形や色彩の工夫を追求することのできる題材です。また，生徒たちがラベルデザインの工夫点に触れることで，身の回りのパッケージデザインの美術的な魅力について感じることができると考えます。

　授業では，コンセプトの構想を大切にしてほしいです。コンセプトが思い浮かばない生徒のために，既成のペットボトルのコンセプトを紹介したり，ネーミングやセールスポイントのキーワードを準備したりして，生徒一人ひとりに明確なコンセプトをもたせていくことが重要です。そして，生徒がアイデアに困っていたら，自分のコンセプトを確認させ，形や色彩の表現方法を引き出していくとよいです。

4 指導過程

①ラベルデザインのよさや課題を考えよう（イメージづくり）

・ドリンクの名前から苦味を抑えていることがよく分かるよ

・グラスと氷の絵から，涼しげですっきりとした感じがするよ

・黒色だから高級そうな感じがするよ

・ラベルデザインによってドリンクがよりおいしそうに感じるよ

②ブレイクしそうなドリンクのコンセプトを考えよう（構想）

・女性が好きそうな飲み物は紅茶かな

・「甘さ控えめ」や「香りがよい」ということをセールスポイントに入れると売れそうだな

・「リフレッシュ」という言葉を，ネーミングに入れるとセールスポイントが伝わるかな

③コンセプトをもとに「ロゴ」「図柄」のアイデアを考えよう（構想）

・ロゴを明朝体にしたほうが大人っぽい感じになるかな

・ターゲットの女性を強調するために，女性が様々な場面でドリンクを飲んでいる図柄を入れよう

・ロゴは目立たせたいから，中心に大きくかこう

教師のロゴと図柄のアイデアの見本

→ 指導ポイント①

・既成の緑茶のペットボトルとそれぞれのコンセプトを結びつけるグループ活動を行う

・生徒の意見を「ロゴやネーミング」「図柄」「配色」に分けて板書し，ラベルデザインで重要な3つの観点についてまとめる

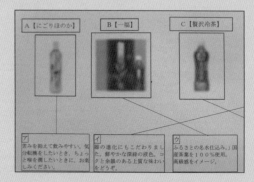

授業で使ったワークシート

→ 指導ポイント②

・ドリンクのコンセプトを「ターゲット」「ドリンクの味」「セールスポイント」「ネーミング」の段階ごとに分けて考えさせる

→ 指導ポイント③

・前時で考えたコンセプトをもとに，「ロゴ」「図柄」のアイデアをそれぞれ考えさせる（各2つ以上かくように伝える）

・アイデアがまとまったら，ロゴと図柄を1つにまとめたもの（ラベル）をかかせる

・数や大きさ，位置などの構図を工夫するように指導する

教師のラベルの見本

④コンセプトをもとに「配色」を考えよう
（構想）

・ラベルの背景色はドリンクのオレンジ色とは違う青色を使ったほうが目立つかな

・苦味を抑えていることを伝えるために淡い色彩で表現しよう

⑤友人の作品やアドバイスをもとにアイデアを見直そう（鑑賞）

・「夏限定」というコンセプトを伝えるために，太陽や海の図柄を入れてみたらどうかな

・○○さんみたいに中心に大きくかくと目立っていいな

・迷っていたけど，友人にコンセプトが伝わったから今のアイデアのままにしよう

⑥ラベルデザインの制作をしよう（表現）

・色鉛筆を使ったら，やわらかい感じに仕上がりそうだね

・ロゴを目立たせるために，絵の具に混ぜる水の量を少なめにして濃く色を塗ってみたよ

・重ね塗りしたから本物そっくりにかくことができたよ

⑦友人の作品を鑑賞しよう（鑑賞）

・○○さんのセールスポイントはおもしろいな。こんなドリンクあったら買いたいな

・同じ緑茶でも，○○くんの作品は，深緑色を使って苦味を表現していていいな

・○○さんはペンを使って，ロゴをかいているからロゴが目立っているよ

・身の回りにある商品のデザインにも注目していきたいな

➡ 指導ポイント④

・ドリンクの色にあった配色ができるように，ペットボトル容器の中に色水をつくる

➡ 指導ポイント⑤

・構想途中でグループ鑑賞を行う

・友人から，具体的なアドバイスをもらうことができるように，ラベルのアイデアと一緒にコンセプトを鑑賞させる

授業で使ったワークシート

➡ 指導ポイント⑥

・生徒が自分のイメージにあった表現ができるように，色鉛筆・ペン・絵の具などの描画材を自由に選択できるようにする

・描画材の参考例を提示する

・濃度変化，平塗りや重ね塗りなど表現方法について指導する

制作時の授業の板書

➡ 指導ポイント⑦

・同じ種類の味ごとにグループを編成し，コンセプトやデザインのおもしろさに気付くことができるようにする　　　（浅川　歩美）

12 スタジオ結成！オリジナルアニメの制作

📖 題材の紹介

　グループで物語を分割し，1人1つのパラパラマンガをつくる。同じアニメスタジオの仲間として，意見を出し合ったり，試行錯誤したりしながら，制作を進める。単元の終わりは，作品の魅力を紹介するチラシをつくる。グループで長編オリジナルアニメをつくることで，よりおもしろい作品にするために協力しながら制作できる教材。

🕐 時間：18時間完了

1 目標

・人物や動物などの実物をよく観察し，キャラクターの動きを連続したコマで自然に表現することができる。　　　　　　　　　　　　　　　　　　　　　　　　　　（知識及び技能）

・登場人物の感情や場所の変化を伝えるために，画面をもので遮ったりカメラをズームさせたりする場面の切り替えを使うことができる。　　　　　（思考力，判断力，表現力等）

・グループの仲間と協力し，アドバイスをし合ったり工夫点を見つけたりしながら，よりよい作品にしようとする。　　　　　　　　　　　　　　　（学びに向かう力，人間性等）

2 準備物等

教師：ワークシート（①選んだジャンルから連想される言葉を書き，シナリオをつくっていくためのもの，②決定したシナリオやキャラクターデザインをまとめるためにグループで使うもの，③シナリオを分担し，担当箇所を決めるための表が付いたもの），参考動画，絵コンテ冊子（計10コマ程度の小冊子。本番に入る前の下がき用），付箋（話し合いを通して新しい表現を思いついたとき，絵コンテに貼るためのもの），試作用紙（本番用の冊子に入る前に，動きなどの練習をするために使う10ページ綴りの小冊子），パラパラマンガ冊子（1人50ページ程度の冊子。本番用。めくりやすいようにページが斜めにカットされているものがあれば最適），水性ペン（本番のパラパラマンガを清書するためのもの。スケッチ用のペンなど，ペン先の細かいものが適当）

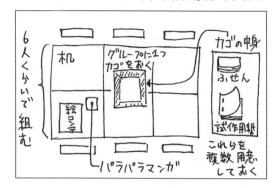

グループ机上の様子

3 評価シート スタジオ結成！オリジナルアニメの制作

評価項目	評価場面	評価規準	評価
知識・技能	⑥	キャラクターの動きを自然に表現することができる。	
思考・判断・表現	④⑥	場面の切り替えを工夫して表現することができる。	
主体的に学習に取り組む態度	⑤⑧	友人の作品のよさを見つけ，アドバイスしようとしている。	
	②③④⑥⑦	仲間と協力しながら制作しようとしている。	

✎ 授業づくりのアドバイス

　アイデアがなかなか思いつかず，構想の時点で行き詰まってしまう生徒。または，すぐに作品を完成させてしまい，それ以上工夫するところが見つけられない生徒。この題材は，そのような生徒の力を伸ばします。グループで協力してアニメをつくっていくので，友人からアドバイスをもらい，どんどん工夫ができます。また，生活の中で得たアニメやマンガの知識も生かされるので，普段は話し合いに積極的でない生徒も比較的活躍できます。どのグループよりもおもしろいアニメをつくろうとする意欲がわき，楽しみながら制作し，よりよい作品にしようと追求する姿勢が見られます。

　指導で特に強調したいことは，以下の3点です。

・グループをつくる際は，興味のあるジャンルごとに班員を組むようにしたり，司会などができるリーダーを中心に置くようにしたりするなど，話し合いを円滑にするための支援をすること。

・キャラクターの動き方を学ぶ際には，棒人間をジャンプさせるなどといった簡単な動き方から練習することで，少しずつ大胆にキャラクターを動かせることができるように支援すること。

・制作の際は，貼ったり剥がしたりできる付箋を使ったり，練習用の試作用紙を準備したりするなど，生徒がいつでも表現を試行錯誤できるようにしておくこと。

　感動の名作や，あっと驚く結末の衝撃作など，グループの力が合わされば素晴らしいシナリオができあがります。完成したらいったいどんなアニメになるんだろう，という想像が膨らみ，はじめから終わりまで，教師も生徒もわくわくした気持ちで授業ができます。ぜひ実践してみてください。

4 指導過程

①アニメスタジオをつくろう（導入）

・アニメはたくさんの人が協力してつくっているんだね

・私たちは「ファンタジー」を題材にアニメをつくろう

・みんなでアイデアを出し合っておもしろい話にしていこう

②ジャンルから思いつく言葉を連想して，シナリオを考えよう（構想）

・「ホラー」といえば幽霊や古い館が思いつくね

・「ギャグ」っていうジャンルから，「意外」とか「転ぶ」とかの言葉を思いついたから，主人公が学校に行くまでいろいろなハプニングが起こる話にしよう

・一人ひとりがアイデアを持ち寄って合体させてもおもしろいね

・見る人を引きつけるためには「起承転結」がポイントなんだね

・シナリオのどこに盛り上がりを付けようかな

③シナリオの分担を決めよう（分担）

・出だしを担当したいな

・話がきちんとつながるように，担当箇所の前後で打ち合わせをしておかないとね

④絵コンテをかこう（下がき）

・迫力のあるバトルシーンをかきたいな

・見る人に分かるようにかくのは難しいな

・季節が冬に変わるところは，動画で見た場面の切り替えを参考にして，雪を降らせることで季節の変化を表そう

・画面に幕が下りて，場所が変わったことを表す工夫ができそうだ

→ 指導ポイント①

・事前アンケートで，あらかじめ興味のあるジャンルを3つほど選んでおくようにする

・「監督」や「助監督」，「アイデア担当」など，グループごとに役職を決めて話し合いを進めるようにする

→ 指導ポイント②

・ワークシートでマッピングを使い，思いついた言葉からシナリオを考えるようにする

マッピングで言葉を連想する

・インターネット等から引用した参考動画を活用し，シナリオには盛り上がりや変化をつける「起承転結」が大切だと学ぶようにする

・シナリオを決める際は，一人ひとりが意見を持ち寄り，考えを合体したり1つの話をアレンジしたりして全員で協力することが大切だと伝える

→ 指導ポイント④

・絵コンテは本番前の下がきであることを説明し，担当したシナリオの内容が10コマ程度に収まるように，簡潔にかくように伝える

・もう一度参考動画を見る時間を設けて，場面が切り替わるシーンではどんな工夫があるかを学ぶようにする

⑤グループで絵コンテを見合おう
（付箋を使った中間鑑賞）

・キャラクターにズームしたり画面が暗くなったりする表現もあるなんて，知らなかったな

・自分の作品をほめてもらえて自信がついた

・「背景をもっと動かすといい」っていう付箋のアドバイスをもらったよ

・友人の作品を見たり，アドバイスをもらったりすると，まだまだ工夫できるところがあると分かるね

⑥もらったアドバイスをもとに絵コンテを見直してから，本番のパラパラマンガ制作に入ろう（制作）

・鑑賞会でもらったアドバイスを参考にして，絵コンテに付け足しをしてみたよ

・鑑賞会で友人の作品を見て，自分の作品にも背景や表情をもっと変えたほうがいいと気付いたからさらに手を加えてみよう

・キャラクターを滑らかに動かすのは難しい

・人物を動かすときは，グループの子にモデルになってもらうのもいいな

⑦作品を宣伝するチラシをつくろう
（グループ制作）

・作品の一番の見どころが分かるように，色文字で強調しておこう

・印象に残るキャッチコピーをつくって，鑑賞会でたくさんの人の目に留まるように工夫しよう

⑧完成した作品を鑑賞しよう（鑑賞）

・どのグループの作品も見応えがあっていいね

・作品を見る前にチラシを読むと，わくわくした気持ちが高まるね

・自分たちがつくったアニメで，みんなを楽しませることができて嬉しいね

➡指導ポイント⑤

・色分けした2種類の付箋を用意し，「よいところ」と「アドバイス」について意見を書いて友人の絵コンテに貼るようにする

・友人に対して意見を書くときは，前向きな言葉を使い，お互いの作品のよさを認め合えるようにする

・付箋でもらった意見は，「似ている意見」や「参考にしたい意見」など，自分なりに分類して貼り直し，今後の制作で生かせるようにする

➡指導ポイント⑥

・中間鑑賞会でもらった意見を参考にして付け足しができるように，大きめの付箋を準備し，絵コンテに直接貼れるようにする

・本番に入る前に，棒人間をジャンプさせたり，ダッシュさせたりする簡単なパラパラマンガをつくり，キャラクターの動きを練習できるようにする

・本番のパラパラマンガを制作する際は，グループの机上に10ページ綴りの試用用紙を複数個準備しておくことで，キャラクターの動きなどをいつでも試行錯誤できるようにする

➡指導ポイント⑦

・チラシは1人1記事担当し，それぞれが作品の見どころを伝えられるような内容にするように伝える

➡指導ポイント⑧

・全員の作品を大型テレビに映して鑑賞会をすることで，作品が完成した達成感や，協力してつくりあげた喜びをより味わえるようにする

（川西 由里子）

13 色のリズムと立体構成

📖 題材の紹介

　小学校ではポスターや粘土細工を彩色する際，顔料や色彩について深く関わることはあまりない。しかし中学校に入りそれまで無意識に作品制作をしてきた経験を一度整理し，顔料の使い分けや色彩の知識を得ることで発達段階に合った表現方法を身に付けることができる。

　表現したいものを表現できる力を付けることは，生徒にとっても達成感を得る機会を多くするはずである。技術力を付けること，中学生らしく計画的に制作活動ができること，知識を実際の作品制作の場で活用することの繰り返しが成功体験につながると考えた。制作にかかる時間を8時間程度に絞り，比較的簡単にできる木製チップの組み合わせに彩色することで，デザインを立体に表す題材。

🕐 時間：8時間完了

1 目　標

・形の捉え方や色彩の知識を用いて創意工夫することで個性豊かで創造的な表現ができる。

（知識及び技能）

・模範作品の鑑賞を通して形・色などに注目し，そのよさを感じ取ることができ，自分の作品の発想につなげ，構想を練ることができる。　　　**（思考力，判断力，表現力等）**

・楽しく制作活動をすることで創造活動の喜びを味わい，美術を愛好する態度で活動しようとする。　　　　　　　　　　　　　　　　　　**（学びに向かう力，人間性等）**

2 準備物等

教師：参考作品，色紙，木材チップ（10㎜×10㎜×10㎜，10㎜×10㎜×15㎜の2種），配置用木製枠，接着剤，ワークシート（アイデアスケッチ），色鉛筆等

生徒：絵の具セット（ポスターカラー）

事前に，色紙を使って色彩の学習をする。「イメージ地図（図1）」を実際につくらせてみるのもよい。最後に，色立体を使ってまとめを行い，色彩の基本的な知識を身につけさせる。注意点は，イメージ地図と知識の関連性を意識させながら，実際に使える知識として学習させることである。次に顔料・彩色の学習ではワークシートで水の量・混ぜ方を覚え，不透明水彩絵の具を正しく使えるようにする。グラデーションは実際につくらせることで表現活動の幅を広げることができる。

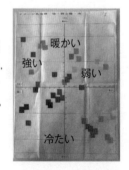

図1 イメージ地図
（暖⇔冷、強⇔弱）

3 評価シート　色のリズムと立体構成

評価項目	評価場面	評価規準	評価
知識・技能	①⑧	参考作品を鑑賞しその形のよさや色彩の美しさ等，色・形からの印象を感じ取ることができる。 作品による表現の違いや，それぞれのよさを感じ取ることができる。	
	②〜⑤	色彩・形を意識して制作をすることができる。 参考作品の鑑賞や色彩の知識から効果的な表現をすることができる。 不透明水彩の技法できれいに彩色することができる。	
思考・判断・表現	②③	想像力を働かせ，自己のイメージを表現するための構想を練ることができる。	
	④⑤	想像力を働かせ，自己のイメージを表現意図にあった制作方法で制作することができる。	
主体的に学習に取り組む態度	①〜⑧	自分のイメージを意欲的に表現し続けようとしている。 粘り強く積極的に制作に取り組もうとしている。	

授業づくりのアドバイス

　中学1年生の能力で果たしてできるかどうか疑問に思うかもしれませんが，意外と簡単にできます。チップや木枠は業者依頼したキットです。パズル感覚で制作できます。シンプルな作品ですが表現の幅や思考する場面はしっかりあります。

　また，簡単にできることから形や色彩との出会いなど焦点を絞った授業が可能です。「表現」することの楽しさを味わいつつ，表現したいものがシンプルな形で具現化できるよさがあると思います。

　注意点としては色彩について，あまり理論に偏った指導をしたり，覚えた知識を必ず使うよう条件を付けると，生徒の制作意欲が低下したり，失敗に対する恐れから進度が遅れたりします。大切なことは生徒がもつ本来の感覚を自由に出せる雰囲気の中で，授業を展開することです。形や色彩の理論は制作途中につまずいたときの確認程度と考えた方がよいと思います。

　それでもある程度の知識は生徒たちに与えなくてはなりません。生徒たちの感覚の中に色彩の知識を強く記憶させるために，教師からの一方的な情報ではなく，参考作品や完成作品（生徒）を鑑賞する場面で話し合い活動をさせることが有効だと思います。「どうして美しく見えるのか」，「どうして観る人に印象深い作品であるのか」などキーワードを教師が発問することで，話し合いが盛り上がり深い学びになります。また，制作に入る前にグラデーション，セパレーション，ポスターカラーの水の量等は再度復習してください。失敗を回避し，成功体験の頻度を上げます。

4 指導過程

①参考作品の鑑賞しよう（導入）

・完成した作品を鑑賞する（図2）

・よいところ等をグループで話し合おう

②アイデアスケッチをしよう（構想：色）

・A6のアイデアスケッチ用紙（図3）に，
自由に色鉛筆で数枚彩色するんだね

・掲示されたアイデアスケッチの参考作品
（図4）から，色の組み合わせのバリエー
ションを増やすといいね

・アイデアが固まったらA4のアイデアスケ
ッチ用紙に彩色するよ

・自分でつくったイメージ地図や色彩の知識
を資料として案をつくって，最初は色のみ
をアイデアスケッチにかき入れ，後に③の
「形」へと移行していくといいね

③アイデアスケッチをする（構想：形）

・木材チップは10mm×10mm×10mm（正立方
体）と10mm×10mm×15mm（直方体）の2種
類の組み合わせから15mm，20mm，25mm，
30mm，35mm，40mm，45mmの全7種類の高さ
が表現できる。色との関係を考えながら7
種類の高さを組み合わせて，十分に時間を
取ってアイデアを考えるよ

・7種の高さ数字をアイデアスケッチに書き
入れ，完成作品を予想しながら計画的に配
置していくといいね（図5）

□（マス）に完成を予
想して15〜45（高
さ）の数字を計画的
に書き入れる。

図5　高さの記入

→導ポイント①

・実際に手で触らせ形を理解させる

図2　参考作品

→指導ポイント②

・あくまで制作者の感覚を大切にさせる

・アイデアスケッチはA6→A4

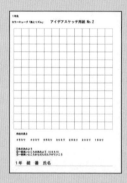 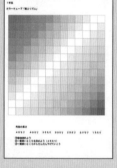

図3　アイデアスケッ　　図4　アイデア
　　チ用紙　　　　　　　　スケッチ例

→指導ポイント③

・②でかいたA4のスケッチを使用する

・「形」は7種の高さの数字を書き入れてい
く。色彩のグラデーションと「形」（高さ）
の関係も考えさせる

・用紙に数字を入れる段階で規則性に気付く
者も出てくるので，随時紹介し生徒同士の
差が出ないよう情報共有をしていく

・場合によっては②「色」と③「形」の順序
を変えてもよい

④木材チップを並べよう（構想）

・スケッチに書き入れた規則的な数字と実際に並べた形を見て，さらによいものになるよう工夫するよ

・「形」（高さ）については何度も様々なパターンを試してみるよ

・修正を繰り返し，アイデアスケッチを完成して設計図として使うよ

⑤完成したアイデアスケッチを見ながら木材チップを彩色しよう（制作）

・作業に入る前に不透明水彩の扱い方をしっかり復習していくよ

・水の量や色を付ける面に注意をしながら彩色するよ

⑥彩色したチップを枠に接着しよう （制作）

サランラップをパレットにかけることで片づけの時間を短縮。

⑦ニスを塗る（制作）

・塗り残しのないようにニスを塗るよ

⑧完成した作品を互いに鑑賞し，今後の制作に生かす（鑑賞）

・ワークシートに気付いたことを書くよ

・4～6名のグループ内で，メッセージカードによいところを書き，制作者に渡してから，話し合い活動を始めるよ

・制作者はメッセージカードを読んだらメモを取り，カードは書いた生徒に返そう

・各班の内容を集約し，学級全体で発表する

・グラデーションや色の配置，バランスがきれいな作品ばかりだね

➔ 指導ポイント④

・アイデアスケッチはどんどん修正させてよい。前時までは完成に向けた過程であることを伝える

チップを並べながら検討する

➔ 指導ポイント⑤⑥

・顔料・彩色の学習で水の量（小学校からの習慣で水を多くする傾向にある）が適当であるか確認するよう伝える

・彩色する前にパレットで，隣にくる色など，色の組み合わせについても確認させる

・思い通りの色が出ない場合，色の変化を感じられない例などを紹介する

・接着面は彩色しないことを確認させる

➔ 指導ポイント⑧

・色彩の学習が生かされている箇所を見つけ，その表現方法に注目させる

・4～6名のグループから学級全体へと情報を共有する　　　　　　　　　（横山 治）

14 自分の紋をデザインしよう

📖 題材の紹介

自分自身を見つめ，自分の特徴を紋としてデザインする。型紙を使って様々な色の紋を表現するとともに，仲間の紋を散りばめた手拭いをつくることで，互いのよさを認め合う題材。

⏰ 時間：8時間完了

1 目標

・自分自身を見つめ，コンセプトを具体化し，作品づくりをすることができる。

（知識及び技能）

・型紙を使った紋の制作を通して，形を単純化したり，コンセプトに合った色を選んだりして，表現方法を工夫することができる。　　　　　　　　　　（思考力，判断力，表現力等）

・自分自身を見つめることを通して，どんな紋をつくろうか主体的に取り組むとともに，互いのよさを認め合うことができる。　　　　　　　　　　　　（学びに向かう力，人間性等）

2 準備物等

教師：ステンシルシート，デザインカッター
　　　カッターマット，ワークシート（右図），
　　　鑑賞シート

生徒：色鉛筆

授業で使用するワークシート（部分）

3 評価シート　自分の紋をデザインしよう

評価項目	評価場面	評価規準	評価
知識・技能	①	様々な紋のデザインについて学習し，その特徴を自分の言葉で書き表すことができる。	
	②	自分自身を見つめ，コンセプトを具体化し，作品づくりをすることができる。	
思考・判断・表現	③④	デザインのコンセプトをもとに，形を単純化するなどの工夫をして，型紙をつくりだすことができる。	
	⑤	自分のコンセプトに合った色を選び，表現方法を工夫することができる。	
主体的に学習に取り組む態度	⑥	自分自身を見つめることを通して，どんな紋をつくろうか主体的に取り組むとともに，仲間の作品について，形や色の工夫や特徴を互いに認め合い，自分の言葉で書き表そうとしている。	

✏ 授業づくりのアドバイス

　自分自身を見つめ表現するというのは，中学1年生にとって容易な活動ではないと思います。しかし，本題材では紋という伝統的な意匠を使うことで，イメージを広げ，コンセプトを具体化しやすいのではないかと考えました。

　また，型紙をつくるというのも大きなポイントです。切り抜き方を考えるときには，要領を得るまで悩む生徒の姿も見られます。一方で，自分の考えに合った配色で作品を仕上げていく活動では，失敗を恐れずに，何度でも試行錯誤できるというよさもあります。活動の様子を見ながら中間鑑賞を取り入れ，なかなかイメージが浮かばない生徒が「ああ，なるほど。それなら自分はこうしてみよう」と思えるような授業を展開していくことも効果的かもしれません。

　そして，最後には学年全員の紋を手拭いに印刷します。生徒のデザインした紋をスキャナーで読み取り，配置し，発注していく作業は教師の手間ですが，できあがった手拭いは心に残る作品になると思います。以前は野外学習に行った先で完成した手拭いを配り，記念写真を撮ったこともありました。自分自身を見つめ表現する活動を通して，仲間のよさを認め合うきっかけになればいいと思っています。

4 指導過程

①いろいろな紋のデザインを知ろう（導入）

・これは織田家の紋だね。見たことある

・こんなたくさんの種類の紋があるんだ

・よく見ると，紋のデザインにはいろいろなモチーフが使われているね

・シンプルな形を組み合わせて，いろいろな紋のデザインがつくられているんだ

・じっくり紋のデザインを見ていくと，とてもかわいい形が多いね

・家紋っていろいろなものに使われているんだね使い方によって新しいデザインに見えるから不思議

・自分の紋をデザインするって難しそう

②コンセプトを具体的な形にしていこう（構想）

・部活動のボールをモチーフにしたい

・明るい感じが伝わるようにしたい

・友人を大事にしているということを表したいのだけど，どんなモチーフを使うといいのかなあ

・どっしりと構えた感じにしたいから，シンメトリーにしよう

③型紙の切り抜き方を考えよう（表現）

・こうやって切り抜けばうまくモチーフを取り入れることができるな

・バスケットボールの形も輪郭線を切り抜くのではなくて，線で区切られている部分を切り抜けばいいね

・モチーフの周りを囲いたいときは，切り抜く部分をどこかで区切ればいいんだね

・切り抜く部分を黒く塗って分かりやすくすると作業がしやすいよ

➡ 指導ポイント①

授業で制作する紋の作品例

・武家の紋など，昔からある紋には様々なデザインがあることを知る

・型紙で染め付けられた紋を見せ，制作においても型紙をつくって作品を仕上げることを伝える

➡ 指導ポイント②

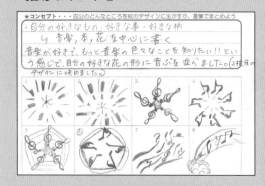

生徒のアイデアスケッチ

・なかなか具体的なイメージが出てこない場合は，言葉でコンセプトを具体化していこう，参考例を示しながら話をする

・失敗をしたり，かいたものが気に入らなかったりしたときは，途中のものを消さずに，どんどんかき進めるよう伝える

➡ 指導ポイント③

・周囲を全部切り抜いてしまうと内側にかいた形がすべて切り取られてしまうということを，具体的な例を示しながら伝える

④型紙をつくろう（表現）

・デザインカッターって，初めて使うから緊張するな

・よく切れるから慎重に仕上げよう

・デザインカッターではなく，ステンシルシートのほうを少しずつ動かせば，そんなに難しくないね

・デザインカッターを使うと，複雑な曲線が切りやすいね

⑤型紙を使って紋をつくろう（表現）

・型紙を使うと何度でも同じデザインがかけるのはいいね

・同じデザインでも，配色を変えると，かなり印象が違って見えるね

・塗り方を工夫するといろいろなバリエーションの紋がつくれるね

・沖縄の紅型みたいに，色を塗るときにグラデーションにするとすごくきれいに仕上がる

・私は外国に興味があるから，国旗の色やデザインを紋に取り入れよう

・もう一度コンセプトを思い出してどんな色にするか考えよう

⑥鑑賞

・明るい色と暗い色を交互に使っていて，色の塗り方が工夫されているね

・これは卓球のラケットかな？　すごく動きを感じる紋のデザインだね

・すごくたくさんのバリエーションで紋をつくっていて発想がすごい

・一つひとつは小さな紋だけど，こうして並べてみるといろいろなアイデアがあることが分かる

→ 指導ポイント⑤

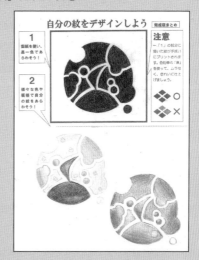

様々な色を使って仕上げた紋

・最初は黒一色で紋をつくるよう伝える

・黒一色でつくった紋が，手拭いに印刷されるためむらなくきれいに塗って仕上げるよう伝える

・参考例を見せ，様々な色を使ったり，塗り方を工夫したりして，自分の考えに合った紋をつくるように伝える

→ 指導ポイント⑥

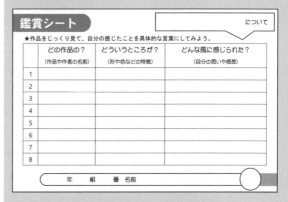

鑑賞活動で使用する鑑賞シート

・鑑賞シートを配布し，事実と感想を分けて記述するよう伝える

・できるだけたくさん仲間の作品のよいところを見つけられるよう話す　　　（吉川　友行）

15 和のもつ美しさを味わう ～張り子面～

📖 題材の紹介

　張り子作品の歴史や種類を学びなが
ら，「和のお面」というテーマで古来よ
り伝わる張り子の技法による立体制作
を試みる。親しみやすく，美術と文化
との接点を感じる題材。

🕐 時間：12 時間完了

1 目　標

・お面がもつ文化と，日本古来からの伝統的な立体造形の手法を，立体作品の制作に生かすこ
とができる。　　　　　　　　　　　　　　　　　　　　　　　　　　　　　　（知識及び技能）

・お面がもつ形や色彩の特徴，またはデフォルメの要素を捉え，自分の表現として創造するこ
とができる。　　　　　　　　　　　　　　　　　　　　　（思考力，判断力，表現力等）

・手づくりによる工芸作品のよさや，文化の違いによる特徴について，比較しながら，個々の
表現やその違いに理解を深めるようにする。　　　　　　　　（学びに向かう力，人間性等）

2 準備物等

教師：鑑賞用のお面，お面台座（クラフト紙），
　　　油粘土，紐，和紙（全紙大），でんぷん
　　　のり，はけ，ニス，ワークシート（代表
　　　的なお面の形状やその表情，制作過程を
　　　自分のアイデアスケッチと比較検討しな
　　　がら進めるために資料とスケッチが並列
　　　されているものを用意），実物投影機

生徒：絵の具セット（アクリルガッシュ。不透
　　　明の絵の具のほうが，お面の素朴さを出
　　　しやすい）

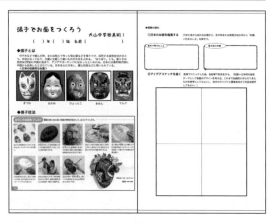

鑑賞，工程，アイデア出しの要素をまとめたワークシート

③ 評価シート　和のもつ美しさを味わう

評価項目	評価場面	評価規準	評価
知識・技能	⑤	伝統的な技法や用具を表現の意図に応じて適切に使用することができる。	
思考・判断・表現	③	和のもつ形や配色を理解し，自分なりの発想を加えることができる。	
	⑨	イメージに沿った色彩で表現し，色の組み合わせを工夫することができる。	
主体的に学習に取り組む態度	⑦	伝統的な技法にもとづき，玩具を制作することに楽しさを感じようとしている。	
	①⑩	自他の作品のよさや工夫したところを感じ，伝統工芸の理解を深めようとしている。	

✒ 授業づくりのアドバイス

　立体造形は，彫造，塑造などが代表的なものとして挙げられます。本題材は，土台となる部分に粘土で基礎をつくり，その上に和紙等をのりで貼り合わせていきます。その作風は，なんとも素朴な風合いがあります。本題材のよさは，生徒たちが，美術作品への愛着をもち，制作工程の簡易さに気付き，作品制作後も作品を道具として楽しめることにあります。

　指導で特に強調したいことは，以下の３点です。
・導入時には，実物の張り子面に触れる機会と，張り子の技法でつくられた他の立体造形物（だるま，犬張り子，赤べこ等）も鑑賞し，張り子そのものに関する興味をもたせること。
・制作時には，張り子の技法は根気が必要であることを伝えること。
・鑑賞時には，資料を多く準備して，様々な文化の中で制作されたお面を知る機会をつくり，それぞれのよさに気付き，見方や感じ方を広げる時間を確保すること。
美術に苦手意識をもっている生徒にも，少しずつ積み上げていくことで形となっていく達成感と，素朴な表現の中にも作者の個性を見出すことができる心を育てていきたいですね。ぜひ，実践してみてください。

4 指導過程

①伝統工芸である張り子面を実際に手に取り，様々な角度からよく鑑賞しよう

（個から全体へ鑑賞）

・思ったより軽いな

・これはどんな材料でできているのだろう

・色使いがきれいだね

②世界中のお面を見比べながら，各国のお面の違いを探そう（班ごとの鑑賞）

・いろんな形があるな

・日本のものに比べ，海外のものは原色が多いね

・どの国も動物をかたどったものが多いな

・このお面はどんな場面で使われるのだろう

③日本の代表的な面の中から興味を惹かれたものをもとにアイデアスケッチをかこう

（構想）

・日本にも様々なお面の種類がある

・よく見慣れたお面が多い

・お祭りで，かぶりながら踊っている様子を見たことがある

・いろんなパターンでかいてみよう

④張り子造形の基礎知識を学ぼう（鑑賞）

・張り子にもたくさんの種類があるんだな

・これも張り子でできているんだ

・どの国の張り子もつくり方は一緒なのかな

・張り子は和紙でできているんだ

⑤油土による土台づくりをしよう（表現）

・油土ってどんな粘土だろう

・乾燥してしまうのかな

・土台の段階でも，形の違いや工夫で個性を感じるな

➔ 指導ポイント①

・用意した教材を，ただ眺めるだけでなく，順番に手に取り，表面の手触りを確認したりかぶってみたりしてもよいと伝える

➔ 指導ポイント②

・資料集から，各国のお面の図録を参考にし，班の中で「和」と「世界の国々の特徴」の比較を考えさせ，発表することを促す

・正解は求めず，話し合いから生まれた気付きを，みんなで認め合う雰囲気づくりを心がける

➔ 指導ポイント③④⑤

・若干のデザインを変更をしてもよいことを指示し，オリジナリティのあるものに改変してよいと伝える

・お面の実物を鑑賞させる際には，親しみやすさから，狐，お福，鬼，だるま等ポピュラーなものを準備する

・本物に触れさせるための教材を各地方の民芸等から取り寄せ準備する

・粘土での成形では「抜け勾配」を意識して台に盛りつけていくことを伝える

複数のアイデアから１つに絞る

⑥新聞紙での離型づくりをしよう（表現）

・この新聞紙はいったいなんのために貼るのかな

・空気が入ってしまうなあ

・新聞紙は，破りにくいな

・新聞紙は，引き裂きやすい

⑦和紙の貼り込みをしよう（表現）

・和紙の手触りは気持ちいいな

・なかなか破れないぞ

・場所によって貼りやすいところと，そうでないところがある

・和紙の白さってきれいだな

⑧胡粉を用いた下地塗りをしよう（表現）

・この塗料は，乾燥が早いぞ

・もとの原型のシルエットを大切にしながら塗ってみよう

⑨アクリルガッシュで彩色をしよう　（表現）

・自分がかぶってみたらどんな風に見えるかな

・和風の雰囲気が出ているかな

・この表現は，自分のオリジナルだ

⑩作品を完成させ，相互鑑賞会をしよう
（鑑賞）

・日本的なものはシンプルだけど洗練されているな

・色は朱色や白，そして鮮やかな色が多いぞ

→ 指導ポイント⑥

・新聞紙をよく濡らして，空気を抜きながら粘土の表面に付けるように伝える

・新聞紙を小さく切るとき，縦横のどちらで引き裂いたら上手くできるかを実際に試させる（紙の目を意識させる）

・面の周囲は，新聞紙がはみ出るように置くことを伝える

→ 指導ポイント⑦

・でんぷんのりは，環境にもやさしいことと，和紙との相性もよいことから，繊維の中に擦り込むように塗布することを意識させる

・1層〜10層くらいの厚みまで貼り付けを繰り返すことを伝え，その際に気泡が入り込まないように注意を促す

→ 指導ポイント⑧

・胡粉と水の混ぜる配分などは，実物投影機を用いながら一斉に指導を行う

・塗布するときは，乾燥を防ぐため，手早く仕上げることを伝える

→ 指導ポイント⑨

・先にベースとなる部分を塗っておくと，細部が塗りやすくなることを伝える

実物の張り子
同様，原色で
彩色

→ 指導ポイント⑩

・友人の作品のよさはどんなところか，日本のお面の特徴を生かす作品となったか，それぞれの作品の魅力について語り合うように促す

（七澤　秀一郎）

16 自分キャラだるま

📖 題材の紹介

　紙粘土を使って，現在の自分や将来の自分を見つめたり，想像したりして表現する。制作を通して，自分の特徴を知って，思いや考えを深めることで，自分のよさに気付く。また，ポスターカラーを使って彩色することで，色彩への興味や関心を育む。自分の思いや夢を膨らませ，自分自身をモデルとした「だるま」に，願いや希望を込めて表現する題材。

🕐 時間：11 時間完了

1　目　標

・紙粘土の特徴を生かしながら成形し，混色や配色を工夫しながら彩色することができる。

（知識及び技能）

・自分らしさを意識しながら，形や色の計画を考えることができる。

（思考力，判断力，表現力等）

・自分の願いや希望について進んで考え，アイデアスケッチや粘土成形，彩色に意欲をもって取り組んでいる。　　　　　　　　　　　（学びに向かう力，人間性等）

2　準備物等

教師：紙粘土（彩色することを考えると，軽量の紙粘土がよい），粘土用ヘラ，ワークシート（自分の現在と将来を考える，アイデアスケッチ），水性ニスと刷毛，参考作品

生徒：鏡（自分自身の特徴を捉えるために使用する），日常生活・部活動等で使用するものや図柄の写真や資料（ボール，ユニホーム，制服，私服の写真等），色鉛筆（配色計画用），絵の具セット（ポスターカラー）

アイデアスケッチのワークシート

③ 評価シート　自分キャラだるま

評価項目	評価場面	評価規準	評価
知識・技能	⑧	粘土の特徴を生かして形を成形することができる。	
	⑩	彩色する場所に応じて筆の選択を考え，色むらがなくきれいに彩色することができる。	
思考・判断・表現	⑥	作品の完成を想像して自分らしさを意識しながらアイデアを考えることができる。	
	⑦	色の効果を考えながら配色計画を立てることができる。	
主体的に学習に取り組む態度	⑤⑫	自分の願いや希望について進んで考え，意欲をもって取り組もうとしている。	

✐ 授業づくりのアドバイス

　この題材を通して，生徒が自分の思いや夢を見つけようとする等，自己を見つめるきっかけになればと思います。ただ形や配色を考えるのではなく，「なぜそうしたのか」といった自分なりのこだわりをもつことの大切さを自覚して，また，友人とアイデアや完成した作品を披露し合うことで，自分や友人のよさを発見できるよう働きかけていきましょう。

　指導のポイントは以下の４点です。

・自分の現在と将来の自分について，考えや思いをワークシートを使ってかくことで，課題に対する興味や関心をもつ。

・ワークシートにかいたことを形にするために，個々で考えているだけでなく，友人との関わりや学び合いを通すことでアイデアを深めることができる。色彩については，配色計画を立てるときに，色のバランスや組み合わせを考えるために色画用紙や色カードを使うとよい。

・紙粘土での成形では，表面のきれいさだけでなく凸凹や全体のバランスを見て評価する。絵の具での彩色では，個々によって色彩の濃淡が違ってくるので，ワークシートを見ながら評価していく。

・見た目のきれいさだけにとらわれずに，ワークシートや授業観察も大切にしていく。

　彩色表現では，混色や色塗りにおいて自分の思うようにいかなくて，その結果，苦手意識へとつながってしまうことが作品を制作する生徒から感じられることがあります。少しでも生徒の苦手意識を減らすことができればと，私自身試行錯誤の毎日を送っています。先生方のお役に立つことができるのなら幸いに思います。

4 指導過程

①自分自身の特徴を考えよう

（特徴を捉える）

・眼鏡をかけている

・ほくろがある

・ほっそり型

②どんな形にするか考えよう（形を考える）

・丸みのある形

・筒型の形

・角張った形

③自分にとっての身近なものや模様を考えよう（図柄を考える）

・制服

・部活動で使っているユニホームや道具

・日本の伝統模様，幾何学模様

④自分の大切にしている言葉や目標等を考えよう（言葉を考える）

・希望

・優勝

・前進

・一球入魂

⑤アイデアを見せ合う（鑑賞）

・細かくかけているね

・形がおもしろいね

・力強い言葉だね

⑥作品の全体像をかく（構想）

・正面をどのようにかこうか

・サッカーボールをかこうかな

・ユニホーム姿にしようかな

・笑った顔にしようかな

・言葉をどこに入れようかな

・文字の形や太さをどうしようか

➡ 指導ポイント①

・鏡に自分の顔を中心に映し出し，特徴を考えるよう伝える

・小さな部分でもよいので，できるかぎり特徴を挙げさせる

➡ 指導ポイント②

・参考作品を提示しながら説明する

・自分のイメージに合った形は何かを考えさせる

➡ 指導ポイント③

・自分自身に関係する身近なものに目を向けさせ，具体物を挙げさせる

・教科書や資料等を通し日本の伝統模様や幾何学模様等を紹介し，模様にも目を向けさせて図柄を考えるきっかけにさせる

➡ 指導ポイント④

・普段，自分が感じていることや思っていることを言葉に表させる

・生徒同士で言葉を見せ合い，出てきた言葉に対する自分の思いを語り合う

・好きな字を自分なりに自由に組み合わせてもよい

➡ 指導ポイント⑤

・アイデアに困っている生徒を助けるきっかけにする

・お互いのアイデアのおもしろさや違いを通して，自分のアイデアを見直すヒントにさせる

➡ 指導ポイント⑥⑦

・教師作品を見せ，各方向からかくための参考にさせる

・文字の大きさや太さをよく考えさせる

⑦作品の配色を考える（構想）
・ユニホームは青を中心にしよう
・文字の色は黄色にしよう

⑧紙粘土による成形（表現）
・顔の大きさをどのくらいにしようか
・ボールの位置は中心あたりかな
・倒れないように底の大きさに気を付けないと

⑨紙粘土作品への下がき（下がき）
・色と色の境目をはっきりさせよう
・細かくし過ぎないようにしよう
・文字を入れる位置を確認しよう

⑩彩色する（表現）
・中心になる色は何色かな
・混色すると色が落ち着くね
・黄色から先に塗ろう
・顔は穂先の細い筆を使おうかな
・細い線をかくのは難しいな

⑪ニスを塗って仕上げる（まとめる）
・表面が光ってきれいだな
・服に付かないように気を付けないと
・使った後は筆を洗わないと

⑫完成した作品を鑑賞しよう（鑑賞）
・全体の色がとてもきれいだね
・文字が力強いね
・顔の表情が楽しそうでいいね
・なるほど，こんな図柄や色は思いつかなかったな
・たくさん作品が並ぶとカラフルできれいだな

⑬作品展示を通して多くの人に見てもらおう
・色がきれいだねってほめられたよ
・アイデアがいいねって言われたよ

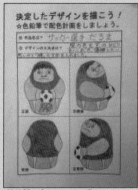

作品全体の
アイデアスケッチ

→ 指導ポイント⑨
・色の境目をはっきりさせる
・細かい部分などはその都度鉛筆で下がきをしてから彩色すればよいことを伝える

→ 指導ポイント⑩
・多くの色を混色すると明度が低くなり，色が濁るので注意させる

→ 指導ポイント⑪
・ニスをべったりと付けすぎないように注意させる
・室内の換気をしっかりと行う

→ 指導ポイント⑬
・校内の行事や各市町村で開催されている展覧会等に全員の作品を展示して多くの人に見てもらう

（小西　博雄）

17 「たたら板づくり」によるカップと皿の制作

📖 題材の紹介

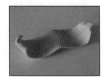

　「焼き物の街」常滑市は，小中学校にろくろ室があり，本校でも毎年1年生が「ろくろ実習」を体験している。

　1年生146人に対し，「ろくろ実習」直後に「ろくろ実習でつくった作品の出来に満足しているか」を問いかけると92人が満足していると答えた。施釉し，焼成された作品を鑑賞した後に同様の内容で問うと112人が満足していると答え，制作直後と焼成後の作品の満足度に変化が出た。制作直後の「出来に満足していない」生徒の理由としては，「中心が取りづらかった」「形が歪んでしまった」「だんだん粘土が減ってきて作品が小さくなってしまった」「講師の先生に少し手伝ってもらった」等，技術的な苦労が多く，また，「取っ手を付けてみたかった」「模様をかいてみたかった」等，装飾に起因する回答もあった。

　「ろくろづくり」は，ろくろの遠心力を利用して成形する高度な技術であることから，形の成形技術が第一になったり，作品が回転体に限られたりする面があると考えられる。そこで，他の成形技術を生かした陶芸作品づくりはできないかと考え，実践した題材。

⏰ 時間：10時間完了

1 目標

・粘土の可塑性を生かし，様々な技法を取り入れたり，再考したりすることができる。

（知識及び技能）

・「日常生活で使えるもの」として使用目的を考え，愛着がもてる作品づくりができる。

（思考力，判断力，表現力等）

・焼き物づくりを続ける地域であることを再認識するとともに，友人と協力して制作しようとしている。　　　　　　　　　　　　　　　　　　　　　（学びに向かう力，人間性等）

2 準備物等

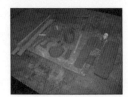

教師：たたら板づくりに必要な道具や材料（粘土，粘土板，しっぴき，たたら板，新聞紙），型や加飾に必要な道具（ペットボトル，空き缶，発泡スチロールトレイ，紐，布，キャップ，刷毛や筆），ワークシート（ろくろ実習や小学校での制作の振り返り用・本作品のカップと皿の構想のスケッチ用）

3 評価シート 「たたら板づくり」によるカップと皿の制作

評価項目	評価場面	評価規準	評価
知識・技能	③	使用する人物や目的，形や大きさをもとに制作しようとすることができる。	
	④	お互いに技法を教え合ったり，鑑賞したりすることで，作品の質を高めることができる。	
思考・判断・表現	⑤	粘土の可塑性を生かし，様々な技法を取り入れたり，再考したりすることができる。	
	⑥	使用目的と作品の出来，工夫点，苦労点をまとめることができる。	
主体的に学習に取り組む態度	①	生活に密着した焼き物づくりを続ける地域を再認識し意欲的に制作しようとしている。	

授業づくりのアドバイス

　常滑市立常滑中学校は，校舎内の「ろくろ室」で，毎年，5月から6月にかけて1年生が「ろくろ実習」に取り組んでいます。地元の陶芸作家を講師に招き，焼き物文化を学んだり，焼き物産業を支えているろくろ成形の技術を体験したりする機会となっています。「ろくろ実習」で得られた体験から，様々な手法で粘土に触れ，焼き物文化に携わる人々と交流することで，学校や地域に愛着をもち，生活や環境に作品を生かす生徒を育てることができないかと考えました。地域の焼き物文化を再確認したり，カップや皿の使用者や使用目的を明確にしたりすることで，意欲を高めて制作に取り組み，作品に愛着をもつ意識を高めました。粘土は，「崩してはつくる」ことが比較的容易な素材です。「粘土でアイデアスケッチをする」感覚で，平面では描写が困難な形状でも，立体化でき，形状を確認する場面が見られました。また，制作途中でも新たな発想を取り入れて，改善改良を楽しみながら制作することができました。粘土の可塑性は発想の柔軟性にもつながる面があると思われます。生徒同士の関係においても，たたら板を押さえたり，粘土を運搬したりするなど，協力性やコミュニケーション力を養う素材としても有効でした。

4 指導過程

①地域や焼き物づくりについて振り返ろう
（アンケートを含むワークシート学習）

・焼き物が街にいっぱいあるから

・「やきもの散歩道」があるから

・家の前に陶彫があるから

・小中学校でろくろ実習があるから

②ろくろ実習の作品を鑑賞し，感想を発表し
よう（導入）

・焼く前よりも縮んだ

・みんな同じように見えるけどじっくり見る
と違う

・焼いたら色が変わっていた

・釉薬がついてつるつるになっていた

③「たたら板づくり」の成形技法を知り，試
作品をつくろう（構想・技能修得）

・教師がカップと皿の基本的な成型方法を実
演

・道具や粘土の準備，粘土を練る，成形する，
片づける手順の確認

・技法や道具の扱いの理解

・試作品をつくりながら，本作品の形状，大
きさ，装飾の構想をする

・他人の作品の形状や大きさ，加飾に使われ
ている技法を自分の作品に生かす視点で鑑
賞

④本作品の構想をアイデアスケッチにまとめ
よう（構想）

・たたら板づくりの技法に伴う粘土の特性に
ついて確認

・誰が使うかを想定

・目的にあった形，大きさの構想

・型，加飾に使える道具の準備

→ 指導ポイント①

・「常滑は焼き物の街と呼ばれていることを知
っているか」「家族や親戚，先祖が焼き物に
関わる仕事をしていたか」の質問に答えつつ
地域や焼き物づくりについて再認識させる

→ 指導ポイント②

・焼成前と焼成後の変化に着目させ，焼き物
の技法に着目させる

・「ろくろづくり」以外の「紐づくり」「板づ
くり」などの成形方法を認識させる

→ 指導ポイント③

・粘土の練り方，練った粘土の成形，たたら
板の設置方法，粘土の板の切り出し，ペッ
トボトルを利用したコップの成形方法，粘
土の板を利用した皿の成形方法の例を示す

・たたら板がずれないように生徒がお互いに，
たたら板を手で押さえて切り出す

・ペットボトルを新聞紙で巻いた上から粘土
の板を巻きつけてコップの形をつくる

生徒の試作品

→ 指導ポイント④

・試作経験をもとに本作品のカップと皿の構
想をスケッチさせる

・立体的なスケッチをかくことが苦手な生徒
に単純な平面図や側面図をかいたり，言葉
で注釈を書き加えることを指導する

・型や加飾に必要な道具を自分なりに工夫し
て持参することをすすめる

⑤本作品を制作しよう（表現）

・試作品制作で得た経験やコツを再確認する
・空き缶や発泡スチロールのトレイが型として使えるよ
・紐や布やキャップなど模様を付けることに使えるよ

➡ 指導ポイント⑤

・前時間で計画を立てた，使用する人物や目的，形や大きさをかいたスケッチをもとに制作を進めるが，制作途中でも改善改良につながる変更を取り入れるように指導する

粘土の板の切り出しは協力して

⑥成形後の制作の振り返りをしよう（鑑賞）

・ワークシートに使用目的と作品の出来，制作時の工夫点，苦労点等の記述

⑦素焼き焼成

・教師が学校に設置してある電気窯で素焼き

➡ 指導ポイント⑥

・乾燥状態の作品が最も壊れやすいことに留意させる

➡ 指導ポイント⑦

・窯の蓋を少し開け乾燥状態の作品を100℃前後で炙り，水分を抜く
・窯の温度を1時間に100℃ずつ上昇させ，450～500℃あたりまで上昇したら電源を切り温度を下げる

⑧素焼き作品に施釉しよう

・透明釉薬を刷毛塗り

➡ 指導ポイント⑧

・刷毛で同じ部分に繰り返し釉薬を塗布すると素焼きの生地に水分が染み込み，釉薬が剥がれやすくなるため，手早く塗布させる

⑨本焼き焼成

・教師が学校に設置してある電気窯で本焼き

➡ 指導ポイント⑨

・窯の温度を1時間に100℃ずつ上昇させ，1050～1100℃あたりまで上昇したら電源を切り温度を下げる

⑩焼き上がった作品を鑑賞しよう（鑑賞）

・おじいさんは（焼き物を）つくっていないけど，売るのも大変です。仕入れてるものはバランスがすごくいいです
・アイデアスケッチとは，違うけどつくり出すと新しい考えが出てきました

➡ 指導ポイント⑩

・意欲的に制作しようした点を振り返り，焼き物づくりを続ける地域であることを再認識させる
・粘土の可塑性を生かし，様々な技法を取り入れたり，再考したりした点を振り返らせる

（喜多 光）

18 和風を味わう ～消しゴムはんこでうちわづくり～

📖 題材の紹介

　和風を意識して柄の形や色，配置を考え，和風のイメージをうちわで表現する。日本特有の色の名前や識別の仕方，模様の特徴を学ぶ。

　消しゴムを彫ってはんこをつくったり，自分で紙を貼ったりすることで，日本に昔からあるイモ版や，障子や和傘などのような骨組みに紙を貼る体験ができる題材。

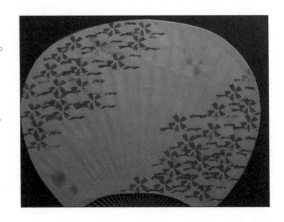

🕐 時間：5時間完了

1 目　標

・和風のデザインや色の特徴を感じながら作品制作を通して，和のよさを味わうことができる。
（知識及び技能）

・モチーフや色，配置の特徴を自分の作品に生かして，和が感じられるうちわを完成させることができる。　　　　　　　　　　　　　　　　　　**（思考力，判断力，表現力等）**

・日本人のデザインや色，表現方法の感性の豊かさに気付き，日本の生活になじみがある紙を活用する技術を積極的に体験しようとしている。　　　**（学びに向かう力，人間性等）**

2 準備物等

教師：題材の概要と手順をつかむ参考作品，薄くて丈夫な紙1枚（模様のアイデアスケッチをする），ニードル（角状のもの）・消しゴム（はんこを彫る），絵の具（ポスターカラー），厚手の不織布・薄くて丈夫な紙2枚・新聞紙（試し押し，本印刷をする），骨組み・水で薄めた木工用接着剤・刷毛・捨て紙（わら半紙）2枚（骨組みに貼る）

生徒：はさみ（骨組みに貼る工程で使用）

3 評価シート　和風を味わう

評価項目	評価場面	評価規準	評価
知識・技能	③	和風のデザインの特徴を感じ取ることができる。	
	④	和風の色の特徴を感じ取ることができる。	
思考・判断・表現	⑤	和が感じられるモチーフ選択して，アイデアスケッチをかくことができる。	
	⑥	色が付く部分を想像してはんこをつくることができる。	
	⑦	和が感じられる配置の特徴を感じ取り自分の作品に生かすことができる。	
主体的に学習に取り組む態度	⑧	日本のデザインや色，表現方法の感性の豊かさに気付き，進んで制作に取り組もうとしている。	

✎ 授業づくりのアドバイス

　うちわづくりは，難易度が比較的低く，1年生の夏に取り組むのにふさわしい，季節感ある題材です。

　制作手順ごとの時間が短く，活動内容がどんどん変化して生徒を飽きさせません。それぞれの制作手順において，デザインや色，配置などのいろいろな観点から，「和風」について学ぶことができます。制作進度の個人差が出にくく，段階ごとの目標も明確にもたせやすい題材です。

　図画工作科のような開放感と，古典的なデザインをアレンジすることで作品ができる手軽さ，偶然にできるスタンプの模様のおもしろさも相まって，美術が苦手な生徒でも，やる気満々で取り組むことができます。しかも，完成作品は実用的です。

　指導で特に強調したいことは，次のことです。

・指導者が制作したことがない場合は必ずつくってみて，1時間ごとに指導で押さえたいことを明確にし，生徒が陥りそうな失敗を想定してから指導すること。

・イモ版画や障子貼りをしたことがない生徒が多いことをふまえること。

・消しゴムはんこの出来栄えはあまり気にしないこと。

ぜひ，生徒たちと一緒に楽しんでください。生徒たちの感性の豊かさに，驚かされるかもしれません。

4 指導過程

① 「和風」で何を連想するだろう
（イメージづくり）

・「刀，着物，寿司，アニメ，富士山」

・「和風」は気候や植物などの自然や風習，生活に由来している

② 「和風のうちわをつくろう！」
（題材と手順をつかむ）

・和が感じられるうちわをつくろう

・材料は，うちわの骨組み，薄い紙2枚，消しゴム，ニードル，ポスターカラー，不織布

・消しゴムはニードルを使ってはんこを彫り，模様をスタンプした紙を貼ろう

③ 和風が感じられるデザインとはなんだろう
（構想）

・日本とペルシャの唐草模様を比較しよう

・江戸時代にはやった「鎌○ぬ」の模様や「青海波」，家紋は何をモチーフにしているかな

・貴族の着物や歌舞伎の衣装は何をモチーフにしているかな

④ 和風が感じられる色はなんだろう
（構想）

・日本の色の名前は，植物や空，海の色などからきている

・日本は虹の色を7色，海外は6色に分けている

・浮世絵の青色を，海外ではジャパンブルーと呼んで賞賛していた

・余白の表現について

➡ 指導ポイント①

・日本らしさを自由に発想してイメージを膨らませる

・食べ物や骨董品，武道，テレビの知識など，生徒の目線でひらめくものは受容する

➡ 指導ポイント②

・材料は実物を見せながら，制作手順の動作を交えて紹介する

・はんこの実物の見本を見せる

・「和を感じるうちわ」であって，欲しいうちわをつくるのではないことを確認する

➡ 指導ポイント③④

・同じつる草のモチーフでも，国や文化の違いで表現がかなり違うことに気付かせる

・手ぬぐいの模様や家紋から，日本人のユニークで豊かな感性を感じ取らせたい

・資料集や国語便覧など生徒の手元に残る資料で説明し，デザインの参考にさせる

・和風が強く感じられるモチーフを選択しようという意欲をもたせたい

・12色のポスターカラーで和風の色をつくるには，補色や3色の混色をするとよいことに触れておく

・周囲を海に囲まれている日本は，青色の感じ取り方が細やかであったことを伝える

・水墨画などであえて何もかかない余白によって，見る人に想像させる表現もあることを伝える

⑤はんこのアイデアスケッチをかこう
　　　　　　　　　　　　　　　　　（構想）

・消しゴムの実物大でアイデアをかこう

・無駄な部分があるデザインは縁いっぱいに
　かくように修正します

・インクを付けたいところは鉛筆で塗り，線
　として残すところはネームペン以上の太さ
　に加工しよう

⑥はんこを彫る（表現）

・鉛筆のアイデアスケッチに消しゴムを押し
　つけて下がきを写し取ろう

・ニードルで一筆書きのようにつなげて裾広
　がりになるように切り込みを入れて，白い
　部分を彫り下げよう

⑦試し押しと本印刷をする（表現）

・試し押しのインクは，ポスターカラーを多
　少薄めに溶いて，不織布をのせて使おう

・試し押し後必要であれば，再度彫って修正
　しよう

・和風が感じられるような配置を考えよう

・できるだけ和が感じられる色で2枚印刷し
　よう

⑧骨組みに貼る（表現）

・印刷した紙の一番よいところを，骨組みの
　3ミリほど内側の大きさで切り取ろう

・骨組みを持ち上げて，外側はなでるように，
　内側はとんとん叩くようにして刷毛でのり
　を付け，捨て紙の上に骨組みを置いて本紙
　を合わせ，別の捨て紙をかぶせ上から軽く
　なでよう

・同様に裏面も貼って完成しよう

→ 指導ポイント⑤

・アイデアが思いつかない生徒には，家紋や
　着物の柄をアレンジさせる

・2色で印刷したい生徒や，消しゴムを正方
　形に切りたいという生徒は，時間と手間を
　考慮して制作させる

・彫ることを意識して細かいものは，単純化
　させる

色を付ける
ところと残
す線の加工
の見本

→ 指導ポイント⑥

・直接鉛筆のスケッチに消しゴムを押しつけ
　ると左右対称に写る

・ニードルを持つ角度を利用して断面が裾広
　がりになる彫り方を実演して示す

・鉛筆の黒い部分を残すように彫らせる

→ 指導ポイント⑦

・不織布はインクを均等に，付き過ぎないよ
　うにするために，インクの上から敷かせる

・ずらして押すことや余白も吟味して配置を
　考えさせる

・外側の周囲をスタンプで押してから，内部
　の配置を考え始めたり，「和」という文字に
　配置したりする生徒には，個別に助言する

→ 指導ポイント⑧

・紙が大きいと引っかかって剥がれやすくな
　るので，骨の幅の中央あたりに紙の端がく
　る大きさに切るよう伝える

・のりは木工用接着剤を水で薄めて使うが，
　薄め過ぎに気を付けるよう注意する

（小笠原 久美子）

19 マイ水うちわ

📖 題材の紹介

　岐阜の伝統工芸品である「水うちわ」がとても美しいと思ったのがきっかけで，本題材を設定した。紙やニスを使ってつくり方を試行錯誤していく中で，職人がつくるものにはまだまだ届かないものの，透明感のあるうちわをつくることができる題材になった。紙が透けているうちわは今までのうちわの概念を変えると思われる。伝統工芸の由来や現状を調べ，そこに様々なアイデアを加えれば，新しい伝統工芸をつくり出すことができるかもしれないと思わせる題材。

＜簡単なプロセス＞
①水うちわ（教師の試作品や写真資料）との出会い
②伝統工芸「水うちわ」のことを調べる
③うちわのモチーフである「植物」をテーマにし，校
　内の草木をスケッチする
④スケッチした植物を組み合わせて切り絵の下絵をか
　き，紙を切り，うちわの上にのせる
⑤うちわに貼る和紙を彩色してから両面に貼る
⑥和紙の上に⑤の切り絵をのりで貼る
⑦ニスを両面に塗り，乾かす。これを最低3回は繰り
　返す
⑧台に置いて鑑賞する

完成した生徒作品

🕐 時間：10時間完了

1 目標

・自分が思い描く植物のイメージに合わせて形や構成を工夫し，うちわの形に合わせてモチーフを組み合わせることができる。　　　　　　　　　　　　　　　　　　　（知識及び技能）

・うちわの形を生かしたデザインをバランスよく構成することができる。

　　　　　　　　　　　　　　　　　　　　　　　　　（思考力，判断力，表現力等）

・水うちわの美しさを感じ取ったり，伝統工芸の知識を広げたりすることで，伝統工芸に込められた思いに気付き，自分の作品や生活に生かそうとする。　　（学びに向かう力，人間性等）

2 準備物等

教師：雁皮紙2枚（できれば手すきの薄い物），縁に貼る約1cm幅の雁皮紙，竹のうちわの骨組み（プラスチックはなるべくさける），彩色はできれば透明水彩絵の具，でんぷんのり，刷毛，ニス（シェラックニス），消毒用アルコール，うちわにのせる切り絵，カラーラッピングペーパー（ローズウインドウ用の紙），トランスパレントペーパー（少量ならよいが，貼る面が大きいと和紙が吊る），デザインカッター，手袋（使い捨て），下絵用紙，下絵用資料，太いマーカー等

③ 評価シート　マイ水うちわ

評価項目	評価場面	評価規準	評価
知識・技能	⑤〜⑧	イメージに合わせて切り絵の形や構成，完成までの制作全般を工夫することができる。	
思考・判断・表現	②〜④	水うちわの美しさを感じ取り，独創的にデザインを考えることができる。	
主体的に学習に取り組む態度	②⑨	伝統工芸のよさを感じ取り，自分の作品や生活に生かそうとしている。	

✎ 授業づくりのアドバイス

　この題材は，岐阜の伝統工芸品である「水うちわ」の美しさを再現できたらと思ったのが始まりです。材料や制作方法は漠然としか分からない状態で始まり，骨組み，和紙，ニス，上には色を塗るべきか切り絵にすべきか，そして原料は何がよいのか，すべて試行錯誤でした。プラスチック骨組みは竹と比べると同じ和紙を貼っても全く味わいが異なるため，和紙を紙専門店で調達し，いろいろ試しました。柄は絵の具（透明水彩）で塗るか迷いましたが，最終的に切り絵にしました。和紙と同じ質感のカラーラッピングペーパーはやわらかく，生徒が切るのは難しいところもありますので，生徒が集中して制作することができるよう支援しましょう。最も試行錯誤を繰り返したのはニスです。天然のニスもいろいろあり，塗るワックスタイプ，蜜蝋，はぜ蝋，ワックスペーパーなど試しましたが思うような透明感が出ませんでした。お菓子のコーティングから探したシュラックベースのニスを使用することで，2回目あたりから紙が透け始め，最終的に透明感のあるうちわにたどりついたので，おすすめです。本題材を通して伝統工芸を学び，和紙を貼る体験やニスを塗って乾くと透けるおもしろさを味わってもらえたらと思います。

4 指導過程

①水うちわとの出会い（イメージづくり）

・水うちわってきれいだな

・自分もつくってみたいなあ

②「水うちわ」を調べよう（調べ学習）

・岐阜の水うちわには伝統があるんだ

・職人さんの技に感動します

③植物をスケッチしよう（表現）

・校内の草木にはいろいろな種類がある

・葉の形や付き方をよく見るとおもしろい

④うちわの下絵をかこう（構成・下絵かき）

・うちわの大きさに合わせて植物を組み合わ
せて下絵をかこう

・最初は鉛筆でかき，それを上からマーカー
でなぞるときれいにできるよ

・同じ向きにならないように工夫しよう

⑤切り絵のように紙を切ろう（表現）

・カラーラッピングペーパーが薄いから下絵
が透けて切りやすい

⑥竹の骨組みに和紙を貼ろう（表現）

・和紙を好きな色で彩色するぞ

・彩色した和紙が乾いたら骨組みをはさんで
和紙を両面に貼ろう

・乾いたら自分好みの大きさに切って，縁を
和紙で巻くときれいに仕上がるよ

・自分で和紙を貼ってみたら，今まで使って
いたうちわがどのようにできているか気に
なるようになりました

→ **指導ポイント①**

・教師試作を見せるか，水うちわの写真を見
せる。透けた感じが特徴であることをつか
ませたい

→ **指導ポイント②**

・どんなときに使うのか，どのようにつくる
のかなど水うちわの知識を広げると伝統工
芸に対する興味につながる

→ **指導ポイント③**

・いろいろな植物をかかせると表現の幅が広
がる

・様々な植物の写真を準備しておく

→ **指導ポイント④**

・切り絵のため，なるべく全体がつながった
ものをデザインするか，パーツで分けて貼
ることができるものにする

・線を太くするために，太マーカーを使い，
切る部分を太くかく

→ **指導ポイント⑤**

・カラーラッピングペーパーは薄く丸まりや
すいので，透明ファイルか厚紙ではさんで
保管するとよい

→ **指導ポイント⑥**

・彩色は薄く塗る。塗らないところのほうが
透明感が出やすいので，彩色は一部分に留
めたほうがよい。彩色は切り絵を貼ってか
らでもよい

糸

⑦和紙の上に切り絵を貼ろう（表現）

・切り絵を貼ると自分だけのオリジナルうちわになってきた

・カラーラッピングペーパーが薄くて切れやすいから気を付けよう

⑧うちわにニスを塗ろう（表現）

・ニスを両面にたっぷり塗ったから，水うちわの雰囲気が出てきた

・うちわが重ならないように空中に浮かして乾かそう

・両面にニスを塗ることを3回繰り返すと，さらに水うちわの感じが出たよ

⑨互いの作品を鑑賞しよう（鑑賞）

・△△さんの和紙の色がきれい

・○○さんの切り絵は，細かいところまで丁寧にカットされていました

・ここはどうやってつくったの

⑩時間に余裕があれば，中間鑑賞を入れる（鑑賞）

・学級の友人からアイデアをもらったら，自分のイメージが広がった

➡ 指導ポイント⑦

・カラーラッピングペーパーの裏に全体にのりを付けると持ち上げるときに破れやすいので，まず，うちわの上にカラーラッピングペーパーを広げてから裏にのりを部分で付けて貼ることを繰り返すとよい

・でんぷんのりは，そのままだと固いので，水でやわらかく伸ばす。のりにいきなり水を入れず少しずつ混ぜるとよい

・トランスパレントペーパーを使う際には和紙と収縮率が違うので，大きくつくらず小さめにつくる

➡ 指導ポイント⑧

・ニスが手に付くと手が荒れやすいので使い捨ての手袋を使うと安心できる

うちわにニスを塗り，乾かす

➡ 指導ポイント⑨

・鑑賞は友人のよいところを見つけたり，自分の今後の制作の参考にしたりすることが目的であることを伝える

・質問はしても友人作品の批判はしないこと，様々な考えを尊重することを伝える

「マイ水うちわ」の展示風景

（森本　都美）

20 願いを込めた仮面

「なりたい自分」をテーマに仮面のデザインを考え，自分の願いを込めて制作に取り組むことのできる題材。

＜簡単なプロセス＞
①仮面のデザインを考える。
②配色を考え，色鉛筆で彩色する。
③仮面の芯の表面を粘土で覆う。（下地づくり）
④粘土でテーマに沿った部品をつくる。
⑤お面の表面（下地）に部品を接着する。
⑥アクリルガッシュで着色する。
⑦彩色部分にニスを塗って完成する。

🕐 時間：14 時間完了

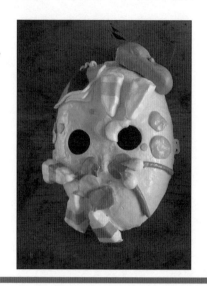

1 目　標

・表したい仮面のイメージをもちながら，粘土や絵の具の特性を生かして表現することができる。　　　　　　　　　　　　　　　　　　　　　　　　　　（知識及び技能）
・自分の願望からイメージしたモチーフの形や色彩の特徴や美しさなどをもとに主題を生み出し，創造的な構成を工夫して，構想を練ることができる。　（思考力，判断力，表現力等）
・仮面から感じ取ったことをもとにした表現に関心をもち，主体的に創意工夫して表したり，表現の工夫などを感じ取ったりしようする。　　　（学びに向かう力，人間性等）

2 準備物

教師：メッシュのお面芯，軽量粘土，粘土保存袋，粘土ヘラ，粘土板，水性つや出しニス，木工用接着剤，ワークシート（アイデアスケッチ）

生徒：絵の具セット（アクリルガッシュ），色鉛筆

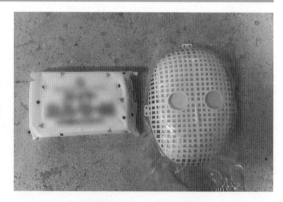

軽量粘土とメッシュお面芯

③ 評価シート　願いを込めた仮面

評価項目	評価場面	評価規準	評価
知識・技能	④⑤	粘土や絵の具の特性を理解し，形や色彩でテーマを効果的に表現することができる。	
思考・判断・表現	②	自分の願いが表れるように，構成美の要素を工夫して構想を練ることができる。	
主体的に学習に取り組む態度	①⑥	自分の願いを込めて，表し方を工夫して制作に取り組もうとしている。	

✐ 授業づくりのアドバイス

　仮面に自分の願いを込めるというテーマ設定で，希望にあふれるような作品をつくってほしいと思っています。

　自分の将来や中学校での目標を書かせ，それをどう仮面の中に表現していくかアイデアスケッチを考えさせましたが，なかなかアイデアが浮かばず，時間がかかってしまう生徒が多かったです。また，ただモチーフを仮面の中にかいていくだけでは，おもしろい作品にはならないので，「構成美の要素」を取り入れて工夫して表現する必要があります。アイデアスケッチの段階で，交流活動を取り入れ意見交換をする場面を設定し，友人のいろいろなアイデアを見ることで，多様な発想を知ることができると考えます。

　粘土でつくっていく過程では，モチーフを平面的に表現して作る生徒がいたので，仮面から飛び出すイメージでつくるよう助言しました。控えめな生徒は，小さくつくって粘土が余ってしまうので，使い切ってしまうようにモチーフを大きくしたり，モチーフを増やしたりする助言も必要です。

4 指導過程

①主題設定（イメージづくり）

・将来の夢や目標をテーマにして，仮面のアイデアを考えよう

・設定したテーマからキーワードを決めると，キーワードをもとに発想がしやすい

・連想した言葉を3つほどピックアップしよう

②アイデアスケッチ（構想）

・連想した言葉を元にして，いろいろなアイデアをスケッチしよう

・浮かんだモチーフを，「構成美の要素」を使って仮面の中に組み合わせて，アイデアスケッチを完成させるぞ

＜構成美の要素＞

シンメトリー‥‥点や線を中心にして，左右や上下の形が同じであること。

グラデーション‥‥形や色が一定の割合で変化する構成。

アクセント‥‥形や色によって画面の一部を強調すること。

コントラスト‥‥性質の反対のものを組み合わせること。

---

③下地づくり（表現）

・メッシュ地のお面の芯材に粘土を付けて全体を覆うように下地づくりをするよ

・粘土を網穴に押し込むように付け，全体に薄く伸ばすと固定しやすい

・裏側の網穴からはみ出た粘土を芯材が隠れるように薄く伸ばして付けるぞ

→ 指導ポイント①

・仮面は，元来願い事を叶えたりする特別な力を備えた存在に変身できるといわれてきた。そこで，仮面制作をするにあたって，主題設定に自分の願いを込めてつくるよう説明をする

→ 指導ポイント②

・構成を考える上で「構成美の要素」を取り入れるよう指示をする

・モチーフの形は，変形や強調を取り入れて表現するよう助言する

・仮面の形の内側だけに収まらずに，外側に飛び出す部分をいくつかつくるように助言をする

仮面の下絵

→ 指導ポイント③

・表面は，網穴の跡が残らないように気を付けさせる

下地完成

・下地で使う粘土の量の目安として，1／3程度までにするように助言する

④粘土作業（表現）

・アイデアスケッチをもとに粘土でモチーフを立体的に表現するよ

・粘土ベラで，線を付けたり形を整えたりしながら工夫して立体的にしていこう

・仮面に接着させるときは，水を付けて表面となじませて付けるといいね

・粘土の保管は保存袋に入れて保存しよう

⑤着色（表現）

・しっかり乾燥させてから，着色するよ

・絵の具の水の量が多くならないよう気を付けて着色したいね

＜着色のポイント＞

①水と絵の具の分量を知る

②むらにならないように塗る

③メインの部分から塗る

---

⑥ニス塗り（表現）

・仕上げにニスを塗ってつやを出すぞ

完成した作品

⑦完成作品鑑賞会（鑑賞）

・自分の作品を振り返り，工夫した点などの自己評価をワークシートに書いていこう

→ 指導ポイント④

・かいたものは全て立体でつくるように指示をする

・なるべく大きくつくってモチーフが目立つよう助言する

・つくった部分が取れてしまった場合は，木工用接着剤で接着させる

・なるべく粘土を使い切るように伝える

→ 指導ポイント⑤

・水の量が多いと色むらができてしまい，きれいな仕上がりにならないので，水の量に気を付けて彩色するよう伝える

・水の量が適量の場合，多い場合，少ない場合のものを紙に塗り，乾いたときにどんな感じになるのかを示す

→ 指導ポイント⑥

・発色がよくなり，仮面の強度も増す効果が出る

・塗る順番として，明るい色の部分から塗り，後から暗い色を塗るよう助言する

→ 指導ポイント⑦

・配色，モチーフの構成などに着目して，どんな点をどのように工夫したのか焦点を絞り，具体的な観点を伝える

（大竹 真智）

21 福来るアニマル

📖 題材の紹介

環境学習の一環として「絶滅危惧種の動物」と日本の伝統工芸である「縁起物熊手」を合体させた作品。どちらも理解して保護していかないと将来失われる可能性のあるものである。

これらの由来や現状を調べることで，社会や文化を学ぶことができる題材。

教師作品　見本

＜簡単なプロセス＞
①パソコンを使い，縁起物熊手で使われているモチーフや組み合わせ方を調べる。
②絶滅危惧種を調べ，自分がつくりたいものをスケッチする。
③①と②を組み合わせて，自分の思うイメージの下絵をかく。
④焼き物で土台となる熊手部分をつくる。
⑤熊手の上に置くモチーフをつくる。
⑥焼き物の上にモチーフを立体的に組み合わせる。
⑦展示，鑑賞をする。

🕐 時間：12時間完了

1 目　標

・自分が思い描く熊手のイメージに合わせて色合いや形を工夫し，立体的にモチーフを組み合わせることができる。　　　　　　　　　　　　　　　　　　　　　（知識及び技能）
・縁起物熊手の美しさを感じ取り，独自のモチーフを加えたデザインをバランスよく考えることができる。　　　　　　　　　　　　　　　　　　　（思考力，判断力，表現力等）
・伝統工芸のよさを感じ取り，そこに込められた思いに気付こうとする。

（学びに向かう力，人間性等）

2 準備物等

教師：（可能なら）縁起物熊手の実物（酉の市のある神社参道に売っている），参考となるモチーフなどの資料，焼き物（参考程度25cm×25cm×厚み2cm），加工するヘラ等，加工粘土，柔らかい金網（粘土を立体にするための芯材），針金（モチーフに刺して浮かべるためのもの），ボンド，絵の具（アクリルガッシュ，不透明水彩絵の具がよい），はさみ，ペンチ（針金を切る），パソコンでの調べ学習用紙や下絵，ワークシート（スケッチ），色鉛筆

縁起物熊手実物

③ 評価シート　福来るアニマル

評価項目	評価場面	評価規準	評価
知識・技能	④〜⑦	土台の形，上にのせるモチーフの形，色，構成がイメージに合わせて工夫することができる。	
思考・判断・表現	①③⑤⑥	縁起物熊手の美しさを感じ取り，独創的なデザインを考えることができる。	
主体的に学習に取り組む態度	①⑧	伝統工芸のよさを感じ取り，自分の作品や生活に生かそうとしている。	

✎ 授業づくりのアドバイス

　この題材は，環境教育の総合的な学習の時間で絶滅危惧種を学ぶときに，思いついたものです。危機的状況にある動物の保護や，自分たちの身の回りの環境と絶滅危惧種の関わりを調べたことが，美術と結びつかないかと考えました。また，伝統工芸を取り入れることで先人の思いや文化を知ることができると考えました。美術科と他教科とのコラボレーションのおもしろさを試してもらえたらと思います。

　指導の上での学びは，①絶滅危惧種について知る②縁起物熊手を学ぶ③動物と熊手の構成を考える④焼き物の基礎を学ぶ⑤芯材を使った粘土での立体表現⑥粘土への彩色⑦モチーフを重ねて厚みをもたせる空間表現⑧粘土の貼り付け方などです。

　指導する上で強調したい点は以下の３点です。

・導入部分では，できれば本物の縁起物熊手を見せると感動が生まれます。また，モチーフの前後の組み合わせ方やモチーフ自体の参考になります。そして，縁起物熊手職人の制作での話を聞かせることで，伝統を守る人の思いが伝わり意欲が高まります。

・平坦にモチーフを貼ってしまいがちなので，立体感をもたせるために「しめ縄」の様なものを土台として置き，そこに重ねるようにすると厚みが出やすいです。

・立体的な粘土のモチーフを平らな面に貼るときが特に難しいので，モチーフの形に合わせて，しっかり固定できる方法を取ることが必要です。

モチーフが少ないと寂しい感じになりますので，たくさんつくり重ねていくと独創的でおもしろい縁起物熊手ができます。土台の焼き物は違う材料に変えてもできます。モチーフの組み合わせ方もたくさんありますので，アレンジを加えて実践していただければと思います。

4 指導過程

①縁起物熊手を調べよう（イメージづくり）

- 本物の縁起物熊手はすごいね
- パソコンで，縁起物熊手や職人のことを調べて，イメージを広げたいね
- 気に入った縁起物熊手のスケッチしよう

②絶滅危惧種を調べよう（調べ学習）

- パソコンで絶滅危惧種（好きな動物でもよい）を調べて，スケッチしよう

③熊手の下絵をかこう（構成・下絵かき）

- 縁起物熊手の一部を動物に置き換えて，下絵をかいていこう

④土台の熊手をつくろう（表現）

- 下絵の中の粘土でつくる部分を決めて，熊手の形のように粘土を成形しよう
- 表面に模様を付けたり，縁起物を付けたりすると，さらに立体的に見えるね
- 四角い粘土の上に切り込みを入れて，ひびが入らないように曲げてみよう
- 下のほうは熊手の形を意識してカットするぞ
- カットした粘土を使って，縁起物や動物のモチーフをつくるよ
- 土台に貼り付けるときにはヘラでひっかいて傷を付けて，そこに「どべ」を付けると接着できた
- 加工粘土を付けることを想定して，場所を空けておこう

→ 指導ポイント①

- できれば本物の縁起物熊手を題材との出会いとして見せると生徒の興味が高まる
- 熊手というと潮干狩りの熊手が思いつくが，縁起物熊手の成り立ちや職人の思いを調べることで伝統を受け継ぐ気持ちに触れさせたい
- 数多くある熊手の中で自分の気に入った縁起物熊手をスケッチさせる
- なぜ気に入ったのかも理由づけさせると制作意欲につながる

→ 指導ポイント②

- 総合的な学習の時間との関連も考えたい
- 自分が気になる絶滅危惧種を調べて，スケッチする
- 立体的に制作するために，様々な角度から見た資料を準備する（スケッチでも印刷物でもよい）

→ 指導ポイント③

- ①のスケッチを使い，一部を動物に置き換えるときは前後の重なりも意識してかかせるとよい

→ 指導ポイント④

- 今回は焼き物で土台をつくる（他も可）
- 熊手の感じを出すために先のほうを曲げたり，モチーフを粘土でつくったりする

成形された
粘土（焼く前）

⑤土台の上にのせるモチーフをつくろう
（表現）

・モチーフの土台となるしめ縄をつくろう

・加工粘土に絵の具を混ぜて形をつくるよ

・大きなモチーフは粘土がたくさん必要になるので，やわらかい金網を立体に組み，表面に粘土を付けていくよ

・重ねることを考えて，たくさんモチーフをつくりたいね

⑥モチーフに着彩しよう（表現）

・粘土自体に絵の具を混ぜた上に着色しよう

・絵の具の色をそのまま塗るのではなく，混色やぼかしなどの技法を意識して着色しよう

⑦自分の縁起物熊手を立体的に組み立てよう
（表現）

・しめ縄を樹脂粘土でつくり，そこにモチーフを刺すか貼っていこう

・大きな立体モチーフは，安定させるために数本の針金を刺したよ

⑧互いの作品を鑑賞しよう（鑑賞）

・自分の作品に対しての考え方や感想を紙に書いた

・グループで発表し合ったよ

・グループの代表を決めて，学級のみんなにも発表したよ

・質問のある人はいますか

⑨時間に余裕があれば，中間鑑賞を入れる
（鑑賞）

・制作が進みにくいときは，つくっている途中に友人からアイデアをもらうと，自分のイメージがさらに広がるね

➡ 指導ポイント⑤

・立体的につくるために，以下のような工夫をする

①中にやわらかい金網（カラーワイヤー）を曲げて大まかな形をつくり，その上から粘土を付ける

②クッキーの型を抜いたようにつくる傾向にあるため，上や横からの形の資料を準備する。スケッチをかいたり粘土で成形の見本を見せたりして補助するのもよい

➡ 指導ポイント⑥

・粘土自体に最初に絵の具を練り込むと，塗り残しがなく彩色できる

・練り込んだ色の上からさらに色を重ねるとリアリティや深みが出る

➡ 指導ポイント⑦

・接着剤で重ねるように付けるだけでは平面的になりやすいので，針金でモチーフの向きを変えて前後に重ねて刺すようにさせる

・針金が見えすぎないよう伝える

組立て方の板書

➡ 指導ポイント⑧

・鑑賞は友人のよいところを見つけたり，自分の今後の制作の参考にしたりすることが目的であることを伝える

・質問はしても友人作品の批判はしないことや，考え方が様々であることを尊重して鑑賞させる

➡ 指導ポイント⑨

・必ず友人のアイデアを採用する必要はないこと，さらに友人の作品の模倣とならないようにすることを注意する　（森本　都美）

22 日本の美を和菓子に込めて

　和菓子は「食文化の華」ともいわれ，千年以上の歴史を
もつ日本の伝統的な食べ物である。和菓子の種類は，蒸し
菓子，餅菓子，生菓子，流し菓子，焼き菓子等に大別され，
形や色で季節を表し，固有の菓銘をもつもので，独特のよ
さや美しさがある。また，五感を働かせて感じ取ることが
できる特徴の中でも，美術的な視点からは以下の点が挙げ
られる。

①形や色彩，材料等の工夫で「季節感」を表現している
②作り手の考え方や感じ方で様々に変化する形や色彩，中身の見えないところにまで意味や願いを
　込めるなどの「手づくりの技」が駆使されている
③花鳥風月，四季，和歌，俳句，歴史，郷土等にもとづいた「菓銘」をもつ

　このように，小さな和菓子の中には日本の様々な美意識が詰め込まれており，身近にあ
る美術文化についての理解を深めるのに適した題材。また，日本の四季のもつ美しさを食
べ物に表現して味わうという視点から，生活を豊かにする美術の働きについても実感させ
ることのできる題材。

🕐 時間：5時間完了

1 目　標

・和菓子のよさや美しさ，材料の特性を理解し，道具を効果的に使用して，形や色彩などを工
　夫して表現することができる。　　　　　　　　　　　　　　　　　　　　　（知識及び技能）

・和菓子に込められた日本特有の美意識や季節感を感じ取るとともに，自分が表したいイメー
　ジを明確にして造形的なよさや美しさに気付き，構想を練ることができる。

　　　　　　　　　　　　　　　　　　　　　　　　　　　（思考力，判断力，表現力等）

・和菓子の形や色彩，菓銘などに表された表現に関心をもち，オリジナルの和菓子の制作につ
　いて意欲的に活動する。　　　　　　　　　　　　　　　（学びに向かう力，人間性等）

2 準備物等

教師：和菓子の画像10枚程度（できれば上生菓子。モニターに映し
　　　出してもよいし，カラー印刷をして提示してもよい），実物
　　　投影機，ワークシート（和菓子の理解とスケッチ用），紙粘
　　　土（軽量粘土），チャック付きビニル袋，霧吹き，粘土ヘラ，
　　　竹串　等
生徒：色鉛筆，絵の具セット（ポスターカラー），タオル

③ 評価シート　日本の美を和菓子に込めて

評価項目	評価場面	評価規準	評価
知識・技能	③ - (3)	自分の構想を表現するために，形や色彩を工夫したり，用具を効果的に使ったりすることができる。	
	③ - (4)	自分の表現意図に合う表現方法を工夫し，和菓子らしさや細部にもこだわって制作することができる。	
思考・判断・表現	② - (1)	自分の表したいイメージを形や色彩などの視点から具体化し，アイデアスケッチと言葉で表現することができる。	
	④ - (1) ④ - (2)	和菓子に込められた伝統的な美意識を感じ取るとともに，自他の作品の造形的なよさや美しさを味わうことができる。	
主体的に学習に取り組む態度	① - (2)	和菓子の形や色彩，菓銘などに表された表現に関心をもち，オリジナルの和菓子の制作について意欲的に活動しようとしている。	

✏ 授業づくりのアドバイス

　学習のねらいを明確にもって指導するために，〔共通事項〕は大切な役割を果たします。〔共通事項〕の視点で題材全体を構成することは，具体的な学習内容を教師が意識して授業づくりを行うことにつながるとともに，題材の評価規準を考える上でも大切な視点となるものです。

　そこで，教師の指導や評価の言葉が重要となります。「いいね」という漠然とした言葉ではなく，形や色彩モチーフに対するイメージなどに着目した，「あなたの作品の〇〇の部分が和を感じるね」「このモチーフの組合せが季節感を生み出しているね」のように，求めている生徒の具体の姿で声かけをしていくことが大切です。また，効果的な提示資料の選択のために，教師が常に生活の中で教材を探す姿勢を大切にし，積極的な題材研究を行うと楽しい題材になると思います。

プレゼンテーションにて

4 指導過程

①和菓子についての理解を深める
（イメージづくり）

(1)和菓子について知る

・季節感がある

・自然や風景を切り取っている

・色合いが美しい

・おもてなしの心が込めてある

(2)和菓子の画像を見て，取り入れられている
　モチーフを考える

②イメージを膨らませる（構想）

(1)ウェービングマップに和菓子で表現したい
　季節や行事から考えられるモチーフなどを
　書き出そう

(2)アイデアスケッチをする

・色鉛筆で彩色するよ

・コンセプトやモチーフについて考えよう

・どんなイメージ？材料や味は？

③紙粘土で成形する（制作）

(1)成形の仕方を知る

本物の和菓子はどのようにしてつくるのだろ
う

・切り込みを入れて花びらを表現

・味の違いにより材料も変えるよ

・成形する前に，材料の色を生かしたり，着
　色料で表現したい色に近づけたりしよう

・パーツごとに成形するぞ

紙粘土でどのような表現ができるのだろう

・ヘラ，竹串，布等を使おう

・はさみも使ってみよう

→ 指導ポイント①

・和菓子はどのようなときに食べるお菓子な
　のか自由に話し合う

・練り切りの和菓子を「食べたことがない」
　という生徒もいるため，和菓子に対する概
　念を共有する

・和菓子の実物画像をカラーの拡大コピーま
　たは，電子黒板やモニターに映し出して見
　せる

・見せる際には，季節や何が表現されている
　か視点を明確にして，クイズ形式にして考
　えさせてもよい

→ 指導ポイント②

・食べる人の気持ちや，季節感，配色，材料
　のもつ特性など，できるだけ多くのワード
　を引き出させたい

・日本の四季や自然物などのイメージをもと
　に，単純化したり象徴的に表したりして，
　形や配色などに気を付けさせる

→ 指導ポイント③

・導入時に提示した和菓子の画像を見せ，部
　分的にどのようにつくられているか，考え
　させてもよい

・実物投影機を活用し，示範する手元をモニ
　ター等に映し出すと伝わりやすい

(2)紙粘土に着色する

・紙粘土に絵の具（ポスターカラー）を少量ずつ付け，練り込んで色粘土をつくろう

・表現したいものに近づけられるように，完成イメージを大切にしたい

(3)成形する

・和菓子ケースに収まる大きさに

・本物をつくるような手順で

・用具を効果的に使おう

(4)見せ方（ディスプレイ）を考える

・中身が見えるように

・半分に切ったように

・美味しそうに見えるように

(5)キャプションを記入する

・季節感のある魅力的な菓子銘

・作者の思いや表現したこと

・おすすめポイント

・絵の具をチューブから直接紙粘土に付けて練り込む方法とパレットで混色してから筆を使って紙粘土に練り込む方法があることを伝える

・紙粘土が白いため，白濁色になりやすいので，絵の具の量を調整しながら表現したい色に近づけさせる

・用具を工夫して使用し，表現したい形になるよう声かけをする

生徒作品

④鑑賞会を行い，題材の振り返りをする
（鑑賞）

(1)自分の作品について全員がプレゼンテーションをする

・キャプションに記述した2～3点について紹介しよう

・モニターを見て，互いの作品を鑑賞し合おう

【鑑賞の観点】

・季節感やモチーフ

・成形

・作者の思い

(2)振り返りをする

本題材を通した，自己の振り返りをする

➡ 指導ポイント④

・自分なりの感じ方で，和菓子のよさや美しさなどを捉え，和菓子らしさ，つくり方の工夫などに着目した【鑑賞の観点】に沿って鑑賞させる

・プレゼンテーションのときに鑑賞者は作者に質問をしてもよい

生徒作品

・本題材を通して，日本の伝統文化のよさについて気付かせたい

（片山 智代江）

23 手の塑像

📖 題材の紹介

本題材では，「手」という自身の身体の一部をモデルとし，教材会社から出されている既製のセットを芯材として使用し，そこに紙粘土を付けて制作していく。最初に手のデッサンを行い，一点から見た手を制作する。次に，実際に粘土に触れながら，多角的な視点と触覚によって動勢と量感を意識しながら制作していく。「手の塑像」というのは昔からある題材で，地味な印象があるが，自らの手を観察し，量感や立体感を感じながら制作することで，立体への興味・関心と，立体制作への基本的な技術を身に付けることができる。

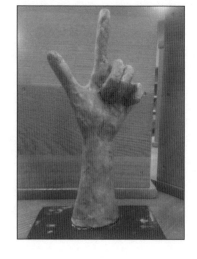

また，手という題材は身体の一部なので，準備物として教師が準備する必要がなく，忘れ物によって授業の進度に差が出る心配もない。モデルを誰かに頼む必要もないため，生徒は心行くまで対象と向き合い制作することができる。生徒にも教師にも負担なく，多くのことを学べる題材。

🕐 時間：13 時間完了

1 目 標

・対象と向き合い，材料や用具の特性を生かしながら制作することができる。**(知識及び技能)**
・手の構造を理解しながら，量感や質感などを感じ取り，美しさが醸し出るように試行錯誤して，作品の構想を練ることができる。　　　　　　　　　　**(思考力，判断力，表現力等)**
・対象の生命感や存在感を感じ取るとともに，塑像の楽しさや喜びを味わい，よりよい作品になるように取り組もうとしている。　　　　　　　**(学びに向かう力，人間性等)**

2 準備物等

教師：スケッチブック，造形心材，ポリプロピレン紐，木工用接着剤，紙粘土，粘土ベラ，金属塗料（錆カラー），筆，ワークシート

3 評価シート　手の塑像

評価項目	評価場面	評価規準	評価
知識・技能	①〜③	対象と向き合い，材料や用具の特性を生かしながら制作することができる。	
思考・判断・表現	④⑤	量感や質感を感じ取り，美しさが醸し出るように試行錯誤しながら，自分の意図に合うよう構想することができる。	
主体的に学習に取り組む態度	⑦	塑像の楽しさや喜びを味わいながら，よりよい作品になるように取り組もうとしている。また，作品から表現の工夫や作者の思いを感じ取ろうとしている。	

✏ 授業づくりのアドバイス

　この題材は，彫刻の基本となる題材です。対象と向き合い，観察しながらつくる喜びを感じることができれば，とても集中して取り組める題材です。粘土という素材は，誰もが一度は触れたことがあり，幼少期には粘土遊びを好んでやっていたという生徒も多くいるように感じます。粘土塑像は，素材に直に触れ，感覚を働かせながら作品をつくっていきます。「美術が苦手だ」，「上手にかいたりつくったりできない」と思っている生徒にも，幼少期に多くの子どもが感じていたような，「粘土の感覚が楽しい」，「何か形になっていくのが楽しい」と夢中になっていたときのことを思い出してほしいと思っています。

　中学校は，小学校で学んだことを土台として，各教科をより詳しく，発展的に学ぶ場です。授業における楽しさは大切ですが，困難さがあってもいいと思います。生徒の感じている困難さを教師が受け止め，一緒に考え，ときには教師が生徒の求めているかたちを実際に再現してみせたりしてもいいと思います。「手」という複雑な形をつくることは大人でも難しいことです。力のいる作業もあり，できない生徒もいます。塑像制作における全ての過程を生徒1人でやることにこだわらず，生徒同士，また教師が支援をしながら，完成を目指します。ただ何となく楽しかったという授業ではなく，難しかったがやり抜くことで楽しさを感じられたという授業が理想です。中学生の時期は写実に興味がある生徒が多いことから，今回は「実物そっくりにつくる」という技術的なことに重点をおきました。今回実践した中学1年生では，様々な道具を駆使して制作することだけで精一杯という印象ももちましたので，対象を中学2年生にして，高村光太郎やロダンの作品を紹介したり，仏像の印相等にも触れたりして，「手に表情をもたせる」ということを考える場面をつくり，表現をふかめるような授業にしてもおもしろいと感じました。ぜひ実践してみてください。

4 指導過程

①手のデッサンをしよう（イメージづくり）

・手全体をかこう

・立体感を意識しよう

・20分でかこう
（3つの条件を満たしていれば，どのようにかいてもよいとした）

→ 指導ポイント①

・時間の制限を設定し，条件を絞ることによって，本時の授業で最も意識させたい「立体感」に迫り，課題意識をもてるようにした。生徒たちは20分という短い時間の中で作品を完成させなければならないため，緊張感をもって集中して取り組むことができる

②骨格を意識して心棒をつくろう（構想）

・スケッチブックに手の形取りをし，手形に合わせて針金を加工しよう

・ペンチで針金を必要な長さに切ったり，ポーズに合わせて曲げたりしてみよう

・2人1組になって，針金に紐を巻こう

→ 指導ポイント②

・ペンチで針金を必要な長さに切ったり，ポーズに合わせて曲げたりしていく作業は，握力の弱い生徒には難しいため，教師の補助が必要になる

・針金を切断する際には，最後まで手の力で押し切るのではなく，ある程度ペンチの跡が付いたら，「曲げて折る」という方法を伝えるとよい

・この作業をすることで，粘土が付きやすくなるという作業の意味を説明し，理解させる。目的意識をもって活動に取り組むことで，学習の理解が深まることを目指す

・2人組になり，1人が像の台を支え，もう1人が紐を巻くというように，ペアで作業すると，効率がよくきれいに仕上がる。ペアで活動することは，友人と協力して相互評価しながら制作できるという利点もある

③粘土を付けよう（表現）

・粘土をしっかりと定着させるために，紐の隙間を粘土で埋めよう

・塑像の完成形がイメージできてきた

→ 指導ポイント③

・前時の紐を巻く作業の目的を想起させ，紐の隙間に粘土が入るように指導する

・この制作段階の模型を見せ，どのような状態が望ましい状態かを視覚的に分かるように示す

④量感（ボリューム）を出そう（表現）

・手を観察し，どの部分が膨らんでいるか意識しよう

・手の肉付きの厚いほうから順に①，②，③番までの番号を付けると分かりやすい

⑤細部をつくろう（表現）

・ヘラを使って作品にリアリティーをもたせよう

制作中の様子

⑥着彩しよう（表現）

・本物の金属みたいだね
・できあがりが楽しみになってきた

⑦完成した作品を鑑賞しよう（鑑賞）

・親指のつけ根の膨らみがいいね
・○○さんの手の力強さが伝わる
・細かいところまで表現されているなあ

→ 指導ポイント④

・芯棒に粘土が付いたところで，実際の手とどのように違っているかを考えさせる。実際の手には，厚みやボリュームがあることに気付くようにする

・手の厚みや立体感を意識して肉付けをするとはどういうことか，具体的に「順番」を付けさせることで，「手の量感を観察する」視点に気付かせる

→ 指導ポイント⑤

・粘土の付け方や，種類に応じた効果的なヘラの使い方を具体的に明示する

・表現したいイメージがあっても，形にするための具体的な方法が分からないという生徒もいる。表現を形にするための技術は，必要に応じてつくって見せ，具体的なイメージができるようにする。この段階になると，できあがりが見えてきて「塑像の楽しさ」を感じる生徒が増えてくる

→ 指導ポイント⑥

・ここでは金属塗料（錆カラー）を使用する。独特の臭いで気分が悪くなる生徒が出ないように換気をする。また，衣服に塗料が付着すると取れなくなるため，事前の準備物の連絡を徹底したい。塗料で教室や持ち物が汚れないように新聞紙等で養生する

→ 指導ポイント⑦

・作品が完成したら，教室内で互いの作品を鑑賞する。ワークシートの「鑑賞」の欄に，友人の作品のよかったところや，勉強になったところなどを詳しく記入するように指示する。数人の生徒にワークシートの内容を発表し合わせ，見方や感じ方を広げる

（安孫子 夏代）

24 学級を丸ごと再現！ぼくたちの休み時間
～友人の「その人らしさ」を粘土で表現しよう～

本題材では，友人や自分をモチーフにし，油粘土を使って人物クロッキーを行う。着色のできない油粘土で「その人らしさ」を表現するために，生徒たちは，注意深く観察する。友人と会話をしたり，異なった視点から対象を見たりすることで，人物彫刻の動勢や均衡の美しさに着目しつつ，思考力を深め，発想・構想の力が高まる題材。

🕐 時間：6時間完了

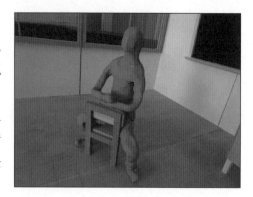

1 目標

・人体の比例や動勢・均衡を捉え，粘土やへらなどの材料や用具を効果的に用いて，自分が構想した友人の「その人らしさ」を全身像として生き生きと制作することができる。

(知識及び技能)

・日常生活を振り返り，友人の「その人らしさ」を表すのにふさわしい場面や状況をふまえて考え，ポーズのスケッチや粘土による立体表現を通して豊かに構想することができる。

(思考力，判断力，表現力等)

・人物彫刻の動勢や均衡の美しさに着目しつつ，互いの作品に込めた思いや表現のよさ，美しさを感じ取ろうとする。 (学びに向かう力，人間性等)

2 準備物等

教師：油粘土（1人1kg。※粘土の人型の動きに制限が出てしまうため心棒は使用しない），粘土板，模型の机・椅子（ミニチュアの机・椅子のキットがあり，生徒一人ひとりが組み立てた。油粘土でつくった人型が，心棒なしでも壊れないくらいの大きさになるようにキットのサイズを決めた），ワークシート（鑑賞，観察デッサン）

3 評価シート　学級を丸ごと再現！ぼくたちの休み時間

評価項目	評価場面	評価規準	評価
知識・技能	④	人体の比例や動勢・均衡を捉え，粘土やヘラなどの材料や用具を効果的に用いて制作することができる。	
思考・判断・表現	③	自分で設定した友人の「シチュエーション」が伝わるように，ポーズや関節の曲がり方などを工夫して構想をすることができる。	
主体的に学習に取り組む態度	⑤	友人がどのような「シチュエーション」で制作したか，クイズを通して考えることで表現の違いやよさを感じ取ろうとしている。	

✎ 授業づくりのアドバイス

　中学生は，発達段階的にも写実期を迎え，「上手」に制作しなければならないという意識が強い生徒が多くなります。特に，自分の思い描いたイメージを絵にかくことは非常に難しいです。デッサン力は，どれだけ枚数をかいたかで変わってきますが，週に１時間程度の美術の時間だけでは，それを身に付けるのは困難です。

　そこで，人物クロッキーを粘土の塑造制作として行うことを考えました。かくことを苦手とする生徒も，油粘土で人物をつくる過程で，肉の付き方に注目して制作をすることができるようになりました。また，自分でつくったキットの椅子に座らせることで，関節の動きにも注意することができました。この実践の後に，人物クロッキーを行いましたが，多くの生徒が以前よりも関節や肉の付き方，バランスを考えながら表現することができるようになっていました。見てかくだけでは身に付かない立体感を捉える力が付く題材だと思います。そして，何より，自分だけの机，椅子を使い，シチュエーションを考えながら粘土の人物にポーズを取らせることを，どの生徒も楽しんでいました。ぜひ実践してみてください。

4 指導過程

①塑像作品のよさを味わおう

　～何を伝えようとしているのだろう？～

　　　　　　　（鑑賞：ジャコメッティの作品）

・とても迫力ある表現だな。この像は，怒っ
　ているように見えるな

・顔の表情はなくても，姿勢とか角度で，気
　持ちが伝わってくる

・○○君が言ったように，あの姿勢だから気
　持ちが伝わってくると思う

・ポーズやしぐさなどで気持ちを伝えること
　ができるんだ

②みんなの休み時間ウォッチング～休み時間
　の友人を観察しよう～

　　　　　　（表現：友人を観察してデッサン）

・○○君は，休み時間はいつも元気に友人と
　しゃべっていて，椅子に後ろ向きに座って
　いることが多かったよ

・△△さんは，読書をしていることが多くて，
　よく肘をついて本を読んでいたよ

・僕の見ていた○○君の姿と，△△さんが見
　ていた○○君の姿は，違っていたな。どっ
　ちが○○君っぽいかな

・自分では気付かないしぐさやくせがあるも
　んだな

③どんなシチュエーションの友人にするか考
　えよう（構想）

・モデルがどんなことを考えているかで，ポー
　ズも少しずつ変わってくるんだな

・楽しい感じを出すために後ろ向きに椅子に
　座って友人と話しているところにしよう

・夢中になって読書をしているから，少し前
　のめりのポーズにしよう

→ 指導ポイント①

・何を伝えたいかという主題を明確にするこ
　とが大切であることに気付かせるために，
　様々な種類の塑像作品を鑑賞したり，友人
　と意見交流をしたりして，主題について話
　し合う時間を設ける

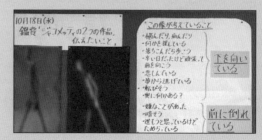

→ 指導ポイント②

・モデルとなる対象のしぐさやポーズに「そ
　の人らしさ」があることに気付かせるため
　に，休み時間の友人の姿を1週間観察する
　よう伝える

・人によって様々な見方があることや，モデ
　ルである友人の新たな面に気付かせるため
　に，観察した結果気付いたことをグループ
　で発表させる

→ 指導ポイント③

・発想を膨らませるために，「どこで・誰
　と・どんな気持ち」など，休み時間の友人
　のシチュエーションを細かく考えて，ポー
　ズを決定させる

④「シチュエーション」が伝わるように休み
　時間の友人を粘土で表そう（表現）

・モデルの「気持ち」の部分を表現するのが
　難しいな

・もっと動作をオーバーにしたほうが楽しい
　気持ちが伝わると思う

・肘や膝を曲げると，動作が強調されるから，
　そのときの気持ちがより伝わるね

・自分が考えた「シチュエーション」を伝え
　るためには，ちょっとした腕の角度やしぐ
　さを捉えることが大切なんだ

→ 指導ポイント④

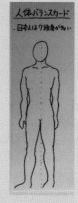

・人体のバランスをつかむこ
　とができない生徒には，「人
　体・バランスカード」をも
　のさしと比べながら粘土を
　使って制作していくように
　促す

・毎時間，「ミニ鑑賞タイム」
　を設け，生徒が互いの作品
　への感想を交流し合うことで，常に主題を
　振り返ることができるようにする

⑤友人の作品のよさを味わおう〜塑像の友人
　あてクイズ〜（鑑賞）

・人によっていろいろな動きがあって，おも
　しろいな

・作品から，「その人らしさ」がみんな出て
　いておもしろいな

・あのポーズは……○○君かな？

・○○君の，友人と話すときの感じがよく出
　ているね

・みんなの作品を教室と同じ配置で並べたら，
　1年4組を再現できた！

→ 指導ポイント⑤

・互いの作品のよさ深く味わうために，作品
　に対する思いや考えを書かせた上で，塑像
　作品のモデルを当てるクイズを行い，見方
　や感じ方の幅を広げる

（太澤 あやこ）

彫刻

25 インセクトカフェでばぐバグ bug！？
～トリックアートを利用した，オリジナルカフェメニューを虫で表現～

完成した生徒作品

📖 題材の紹介

　モチーフの形や色，向きや配置にこだわり，トリックアートのおもしろさを感じられる題材。

<簡単なプロセス>
①アイデアスケッチ（3時間）
②中間鑑賞会（1時間）
③粘土での塑像，組み立て（9時間）
④鑑賞会（1時間）

🕐 **時間：14時間完了**

1 目　標

・虫を食べ物に擬態させる過程で，より表したいイメージに適した表現方法を追求し，色や形にこだわって制作することができる。 **（知識及び技能）**

・目の錯覚を利用したトリックアート作品をつくる過程で発想したイメージを大切にし仲間と関わり合う中でよさを認め合うことができる。 **（思考力，判断力，表現力等）**

・制作日記で活動を具体的に振り返りながら，自分の考えたイメージを具現化しようと試行錯誤を重ね，資料等を用いて意欲的に取り組もうとする。 **（学びに向かう力，人間性等）**

2 準備物等

教師：樹脂粘土（繰り返しマグネットで使うことを想定し，今回の粘土を選択），タブレットと実物投影機，BOX（着色されたものでもよい），粘土ベラと粘土板，タッパーとラップ（樹脂粘土の保存用），絵の具セット（アクリルガッシュ），強力マグネット大・小（作品の大きさにより使い分ける），皮革や布等に使える接着剤（粘土のパーツ接着と粘土とマグネットの接着で強さを変える），ワークシート（図を参照），参考資料

生徒：表現したい食べ物と虫の資料

図1

図2

③ 評価シート　インセクトカフェでばぐバグ bug！？

評価項目	評価場面	評価規準	評価
知識・技能	②④	遠くから食べ物に見える，近くで虫に見えるように，半立体的なモデリングができる。	
思考・判断・表現	②〜④	虫を食べ物に擬態する工夫ができる。	
	③〜⑥	友人の作品のよさに気付き，認め合い，自他の作品のよさを味わうことができる。	
主体的に学習に取り組む態度	①②	意欲的に授業に参加しようとしている。 制作日記で活動を具体的に振り返ろうとしている。	

✎ 授業づくりのアドバイス

　美術に苦手意識をもつ生徒は多い。生徒がつくった作品を，見た人たちが「え！？」と興味をもって楽しんでくれたら，生徒たち自身がつくっていて楽しむことができるだろう。そのような思いで，トリックアートを題材に設定しました。

　また，友人とよりよい表現方法を学び合える場を設定することで，モチーフの形や色彩，向きや配置にこだわりながら制作をしてほしいと思います。そして何より，自分の発想したイメージを大切にして作品を制作することが鑑賞者に伝わることで，成就感を味わってほしいと願っています。

ワークシート例

☆指導で大切にしたいこと

・導入のモチーフづくりの段階で，トリックアート作品の理解や，虫が食べ物にどう擬態するとトリックアートになるのかを，教師見本等の資料を使って丁寧に解説する。

・アイデアスケッチや制作中には，遠くから見た印象と近くから見た印象がそれぞれ食べ物や虫に見えるかを確認するように伝える。

・机間指導をしながら，樹脂粘土の保存方法について確認する。

・実際に立体物を半分に切って示す等をして，半立体的な作品について理解をさせたい。

4　指導過程

①カフェメニューのアイデアを考えよう
　　　　　　　　　　　　（イメージづくり）

・（だまし絵を見て，遠い場所からだと）男の人，笑っている人に見えます。（近いと）果物，野菜，植物，花などが組み合わさっているように見えます

・どんな食べ物に虫を擬態させようかな

②オリジナルカフェメニューのアイデアスケッチをしよう（モチーフの確定・構想）

・擬態させるためは，虫の色を食べ物の色に変える必要があるんだな

・蝶を横向きにした時の羽の形でカレーのルウらしさを，模様の形と色で具材の感じを出したいな

・ダンゴムシの殻の重なりやでこぼこがうまく生かせる食べ物って何があるかな

イメージを構想する

③中間鑑賞会：友人の作品のよさを味わい，自分の作品に生かそう（鑑賞）

・トンボの羽がただの羽に見えるから，何か別のものに擬態させるといいよ

・近くで見ると虫にはあまり見えないと言われたから，もっとテントウムシの触覚や足や模様など，配置や色の工夫を考えていきたいな

遠：カフェメニュー

近：虫の擬態

中間鑑賞会での発表の様子

→ **指導ポイント①**

・アルチンボルドの作品を参考に，遠い場所と近い場所で絵の印象の変わるだまし絵（トリックアート）の学習をする

・虫に擬態させたい食べ物を考えさせる

→ **指導ポイント②**

・教師見本を参考に，虫の色と形（向き，大きさ，模様）を工夫することで食べ物に擬態できることを伝え表現を考えさせる

・完成作品はマグネットのため，虫が擬態する際に重ならずに横にくっついて組み合わさった食べ物になることを考えてかかせる

・虫の形や特徴を生かした擬態ができるように，資料やタブレットを準備して制作を行わせてもよい

→ **指導ポイント③**

・遠くからアイデアスケッチを見たときに「カフェメニューとして完成しているか」，近くからは「虫が擬態していることが分かるか」の2つの視点で作品を見ること，班の友人の作品を評価するときによさや改善点を見つけて教え合うことを伝える

・自分のアイデアに自信がもてない生徒やアイデアが浮かばず苦しむ生徒が，友人と工夫点を共有し称賛し合うことで，制作への手がかりや自信をもった制作へと臨めるよう，支援や声かけを行う

生徒アイデアスケッチ

④粘土で虫を半立体的につくろう（表現）

- 樹脂粘土は，使う分だけ取り出して，残りはタッパーやラップで保管しよう
- テントウムシは大きいから均一な色になるように，粘土に色を練り込もう
- 虫の目や細かい模様は，色を擬態させつつ上から筆でかき込めばいいんだな
- 横から見たら厚みがどこも一緒で四角く見えてダンゴムシらしくないと言われたので，両端の厚みを薄くして丸みをもたせることで本物らしくしたいです

⑤組み立て，ニス塗り，名札書きをしよう（表現）

- この虫は大きいから，大きいマグネットを2つ両端に貼り付けよう
- スプレーニスは縦横交差させながら，粘土とBOXの両方へ，全体的に塗るんだな
- いちごとアイスを蜂で，ゼリーの層をクワガタで，飴をカタツムリで表現してパフェにしたから，「キケン！食べたらイタイゼパフェ」という名前にしよう

⑥終末鑑賞会で，友人の作品のよさを味わおう（鑑賞）

- 色が均一になるよう粘土へ絵の具を混ぜるところをほめてもらえて嬉しかったです
- 少しでこぼこしてしまったところもあったけれど，蝶に果物の模様を付けたりとか，しっかりと3匹の虫をパフェに擬態できたのでよかったし，楽しかったです

⑦作品を展示し，多くの人に見てもらおう（鑑賞）

- 遠くから作品を見た人が近づいたときに「虫だ！」と驚いていて，トリックアートが成功していて嬉しかったです

→ 指導ポイント④

- 樹脂粘土の特徴と，乾燥への対策や粘土の扱い方は，特に丁寧に伝える
- 色は練り込む方法と，乾いてから塗る方法の違いを見せ，使い分けさせる
- 2～3匹の虫がパズルのように組み合わさっているか，つくりながら確認させる
- 塑像作品が半立体表現となるよう，横から見て確認するように指導する
- トリックアートを生かした虫の擬態作品になっているか，色や形，半立体的モデリング表現の出来などを，それぞれの班で作品を見合って意見交換させる

→ 指導ポイント⑤

- 箱に作品とマグネットを貼り付け，風雨に耐えられるようにニスを塗らせる
- 繰り返しマグネットを使用することを想定させた上で，粘土の重さや大きさによって，使うマグネットの大きさや数を調整させる
- 貼る数が1つの場合，マグネットを貼る位置が重心を捉えて安定するようにさせる
- 使用した虫や食べ物に合うタイトルを考え，名札を書かせる

→ 指導ポイント⑥

- 自分の作品を鑑賞させるときは，今までの制作を振り返らせるつもりでやらせる
- 友人の作品のよさを見つける気持ちで鑑賞させる
- 授業で習った言葉を用いて，なぜよいと感じたのかを具体的に書けるよう声かけをする

→ 指導ポイント⑦

- 校内展や市で開催される展覧会に全員の作品を展示し，多くの人に見ていただく

（大竹 紗弥加）

26 プロジェクトN
～NENDOで本物そっくりのNIBOSHIをつくろう～

📖 題材の紹介

　自然物（煮干し）を観察したり，触ったりして五感を使って対象を感じ取り，粘土で形をつくり，彫刻刀で削り出し，アクリル絵の具で彩色して，本物そっくりの煮干しをつくる。それにより，可塑的素材の取

り扱い方，用具の使用法，絵の具の取り扱い方，表現技法など，基礎的な技能を習得する。

　作品完成後の相互鑑賞では，作品に対する思いや作品を見て感じたことなどを伝え合い，作品の見方を広げる。さらに，自宅に持ち帰ってからの楽しみもある，おまけ付きの題材。

🕐 時間：9時間完了

1 目　標

・対象をいろいろな角度から観察して，スケッチし，粘土を使って本物そっくりにつくることができる。
　　　　　　　　　　　　　　　　　　　　　　　　　　　　　　　　（知識及び技能）

・対象とそっくりにするために，アクリルガッシュや様々な用具を用いて創造的に表現を工夫することができる。
　　　　　　　　　　　　　　　　　　　　　　　　（思考力，判断力，表現力等）

・楽しく造形活動に取り組むとともに，作品に対する思いを伝えたり，作者の思いを聞いたり読んだりしながら作品を鑑賞し，感じたことや考えたことを話し合おうとする。
　　　　　　　　　　　　　　　　　　　　　　　　（学びに向かう力，人間性等）

2 準備物等

教師：はてなボックス（手が入る大きさの
　　　穴を開けた箱），スケッチブック，
　　　煮干し，保管用チャック袋，石粉粘
　　　土，粘土ヘラ・作品見本，掲示用ポ
　　　スター，制作シート，鑑賞ワークシ
　　　ート
生徒：絵の具セット（アクリルガッシュ），
　　　布・綿棒・歯ブラシなど彩色用具，
　　　彫刻刀

評価項目	評価場面	評価規準	評価
知識・技能	②	立体としてモチーフを捉えスケッチすることができる。	
	③	全体的な形をつかみ，粘土でつくることができる。	
	④	本物と比べてみて，余分な部分を彫刻刀で削ることができる。	
	⑤	絵の具を使って，本物そっくりの煮干しに彩色することができる。	
思考・判断・表現	④	モチーフと粘土をこまめに触って比べ，形を捉えることができる。	
	⑤	モチーフと粘土を見比べて，より本物に近づくように表現方法を工夫して制作できる。	
	⑥	友人との伝え合い，話し合いの中から，作品への見方や感じ方を広げることができる。	
主体的に学習に取り組む態度	⑥	どんな気付きや学びがあったか，活動を振り返ろうとしている。	

✎ 授業づくりのアドバイス

　本題材は，自然物をモチーフにして，比べてみる，いろいろな角度から見る，というようなものの見方や捉え方を学びます。また，粘土を削ったり，彩色したりして，徐々に本物に近づけていく過程は，ものづくりの楽しさや喜び，手応えを感じることができます。

　制作では，五感をフル活用し，モチーフと作品を常に比較して，様々な表現方法に取り組んでいきます。粘土による立体造形を行う段階では，いろいろな方向から観察したり，手で触ったりして，形や手触りを感じながら彫刻していきます。彩色の段階では本物をじっくり観察し，どのような色彩が見えるかを注視し，見えている色を混色によってつくっていきます。筆で塗るだけでなく，ドライブラシや布で拭いたり，指で擦ったりするなど，いろいろな表現方法を用いて，工夫して本物に近づくように重ね塗りを繰り返します。

　毎時間の振り返りを行う「制作シート」を活用して，生徒の制作状況や困り感などをつかみ，個別に助言したり，全体にコツを伝えたりすると，生徒は自分に必要な表現方法を選択し，より深い学びに導くことができます。

4 指導過程

① 「はてなボックス」の中に1人ずつ手を入れて中に入っている煮干しの感触を手で味わう（導入）

・全員で触ってみよう

・中に入っているものは何かな

② 1人1つ煮干しを選び，左右と背側，腹側，正面の5方向からスケッチする

・時間があるから，他の角度からもスケッチしてみよう

・じっくり観察してみると，意外におもしろい顔をしているなあ

・体がいろいろな方向にひねられているなあ

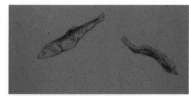

煮干しの
スケッチ

③ 粘土でおおまかな形をつくる（表現）

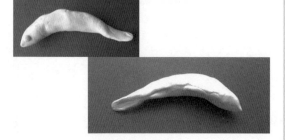

粘土で大まかな形に

④ 彫刻刀で細部の形を削り出す（表現）

・ちょっと厚みがあるから，もう少したくさん削ろう

・意外に腹側は薄いから，慎重に削らないといけないなあ

・手で触って比べると，粘土と本物の形の違いが分かりやすい

→ 指導ポイント①

・生徒の興味をかきたてるように話す

→ 指導ポイント②

・いろいろな角度から観察し，見比べることにより，立体としてモチーフを捉えられるように助言する

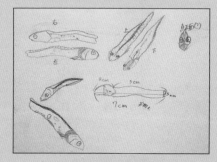

煮干しのスケッチ

→ 指導ポイント③

・この段階では，モチーフの表面や細部の模様にはあまりこだわらず，全体的なひねりやうねりなど，面の向きが変化している部分に特に注目し，形をつくっておくように助言する

・粘土が少し目減りすることを考慮し，心もち大きめにつくっておいて，乾燥させて削りながら形を調整していくように助言する

→ 指導ポイント④

・細かい面の変化や，尾やひれの形，厚みに注意しながら，余分な粘土を削り落とすように助言する

・モチーフと粘土をこまめに触って比べながら，形を指先で感じたり，じっくり観察したりして，彫刻刀で削り出させる

⑤アクリルガッシュで彩色する（表現）

彩色して完成

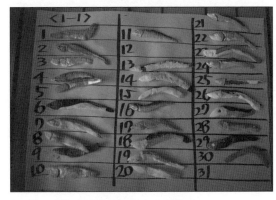

⑥友人の作品を鑑賞する（鑑賞）

・いろいろな煮干しがあるなあ
・○○さんの煮干しは本物みたいだね
・△△くんは腹の感じがよく表現できている
　なあ

⑦自宅に持ち帰り，台所や食卓などにさりげ
　なく置き，家族の反応を観察して制作シー
　トの中の振り返りレポートを完成する

➡ 指導ポイント⑤

・常に本物と比べてみて，より本物に近づく
　ように，いろいろな表現方法を試行錯誤す
　るよう助言する
・混色や重ね塗り，ドライブラシなど，絵の
　具の表現技法を紹介し使えるように助言し
　たり，実際にやってみせたりする

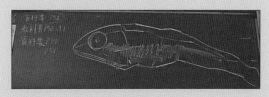

板書

・自分の表現に合わせて用具を選択するよう
　に助言する
・パール，シルバー系の絵の具を少量配り，
　他の色と混色したり，重ね塗りしたりして，
　ごく少量使用するように助言する

➡ 指導ポイント⑥

・友人の制作に対する思いやこだわりポイン
　トを聞いたり，読んだりして，作品のよい
　部分に注目してみるようにさせる
・このようにしたら，よりよくなるのではな
　いか，という観点からも見てみるなど，い
　ろいろな観点からの見方があることを伝え
　る
・作者の作品に対する思いを知ることで，新
　たに気付いたこと，感じたことなどを話し
　合うことで，作品の見方や感じ方がより広
　がるように促す

➡ 指導ポイント⑦

・楽しみながらプロジェクトを遂行し，結果
　を前向きに受け止めるよう伝える

（後藤　美穂）

27 アートで伝言ゲーム

クレー「魚をめぐって」を伝言ゲームした例

1 目標

・教科書や資料集にある美術作品をよく鑑賞することで，作品の特徴や魅力を理解することができる。
　　　　　　　　　　　　　　　　　　　　　　　　　　　　　　　（知識及び技能）

・美術作品を相手に伝えるために，伝える順や内容をよく考え，的確に表現することができる。
　　　　　　　　　　　　　　　　　　　　　　　　（思考力，判断力，表現力等）

・相手のことを考え，積極的に感じたことを伝えたり，教え合ったりしようとする。
　　　　　　　　　　　　　　　　　　　　　　　（学びに向かう力，人間性等）

2 準備物等

教師：教科書・資料集（どの出版書籍でも可），ワークシート（右図），A3サイズのコピー用紙（列での伝言用），色鉛筆やペンなどの描画道具

アートで伝言ゲーム　年　組　番　氏名

先生が伝えた作品を描いてみよう！作品名「　　　　　」

【伝えるとき・聞いたときの注意点】
[伝] 絵？立体？工芸？作品の種類を伝えよう
[伝] 作品の特徴は？相手が想像しやすいように，伝える順番を考えよう
[聞] ただ聞くだけではなく，頭の中でイメージしながら聞こう

友だちが伝えた作品を描いてみよう！作品名「　　　　　」

ワークシート

③ 評価シート　アートで伝言ゲーム

評価項目	評価場面	評価規準	評価
知識・技能	④	いろいろな作品に触れ，作品の特徴（美術作品の種類・大きさ・色・構図等）やよさ・美しさについて，理解することができる。	
思考・判断・表現	②	作品の特徴やよさを理解し，相手に伝わりやすい順序や言葉を考えることができる。	
	③	②「友人と問題を出し合おう」の活動で得た課題やよい点をもとに，より相手に伝わりやすい方法・順序を考え，工夫して伝えることができる。	
	④	対話やまとめの活動を通して，いろいろな考え方・捉え方があることを理解し，それをふまえて自分の考えを書くことができる。	
主体的に学習に取り組む態度	②	作品を鑑賞して作品の特徴やよさ等を感じ取り，いろいろな見方・考え方を深めようと，主体的に活動に取り組もうとしている。	
	③	②「友人と問題を出し合おう」の活動で得た作品の見方・考え方をもとに，作品の理解を深め，より相手に伝わりやすいよう，主体的に活動に取り組んでいる。	

🖉 授業づくりのアドバイス

　生徒たちに多くの美術作品を楽しく鑑賞させたいと思い，この授業を考えました。生徒からは「おもしろい作品を見ることができました」「知らない作品がたくさんあって，美術は幅が広いなと思いました」「相手に伝えるということの難しさがよく分かりました」「作品をよく見て，言葉や順序を考えて伝えました」などの感想がありました。作品を生徒なりに吸収，消化し，自分の考えや言葉，絵などで表現することができたのではないかと思います。

　美術に対する苦手意識を払しょくするために，中学１年生のはじめのオリエンテーションで行ってみるのもよいと思います。

4 指導過程

①言葉を絵にしてみよう（導入）

・先生が言葉で説明した美術作品を，ワークシートにかいてみよう

【出題例】

```
┌─────────────────────┐
│                     │
│                     │
│                     │
│   マグリット「物の力」    │
│                     │
│                     │
│                     │
└─────────────────────┘
```

・横向きの絵です
・石造りの部屋の窓から一面に広がる海原を見ています
・その空中に１本の横向きのフランスパンが浮いています
・そのフランスパンの前にワイングラスがまっすぐ浮いています
・ワイングラスの８分目まで水が入っています

② 友人と問題を出し合おう（対話）

・①で行った内容を，２人組で行う
・答え合わせをし，出題者・回答者を入れ替えてもう一度行う

→ 指導ポイント①

・絵に対して苦手意識をもっている生徒もおり，うまくかくことが目的ではないので，受け取った言葉を素直にかくよう伝える
・１つの言葉でも受け取り方は一人ひとり違うこと，完成した絵に対して正誤はないことを伝える

・要点を押さえて伝える
※絵なのか立体作品なのか
※大きさ
※抽象的なものの場合は，生徒が分かりやすいものに例えて
※色の情報も伝えてもよい

→ 指導ポイント②

※ジェスチャーや指差しなど，言葉以外で内容を伝えないこと
〔伝える内容〕
・絵画，立体，工芸などの大きな種類分け
・絵画では「横向きの作品」といったように縦横の比率を伝えると分かりやすい
・作品の中で一番特徴的だと思ったところや，相手がイメージしやすいことを考えながら伝えるとよい

③列で伝言ゲームをしてみよう（深める）

（1）一番後ろの生徒だけ出題作品を見る

（2）伝える時間は30秒で，どんどん伝言して
いく

（3）最後の前列生徒が受け取った情報をもと
に絵をかく

（4）全体で作品を見合う

※時間があればかく人や順番を入れ替えて何
回かやるとよい

【出題例】

クレー「魚をめぐって」

【出題例】

サルヴァドール・ ダリ「宇宙象」

④授業での感想を書こう（まとめ）

・同じ絵でも，人によって感じ方が違うこと
が分かって，おもしろかった

・ダリの作品はいろいろな見方ができて，想
像が広がった

→ 指導ポイント③

・伝言を受け取る際，言葉で覚えるのではな
く，頭の中にイメージを浮かべるとよいこ
とを伝える

・伝言した内容と絵が異なっていても，正誤
性を問うのが目的ではないことを伝える

【生徒作品例】

【選ぶ作品のポイント】

・はじめは分かりやすい（例えや
すい）作品

・現実には見られない形の作品
（「宇宙象」など）

・抽象画（特に形がはっきりしな
い作品）は難しい

→ 指導ポイント④

・伝える側，かく側を体験し，どんなことに
気を付けたか，どんなことを思ったか美術
作品を見て感想などを書く

（纐纈 彩香）

28 花の生命 〜花から命の表現を感じ取る〜

📖 題材の紹介

　グスタフ・クリムトの「ひまわりの咲く農家の庭」は，様々な種類の花が画面いっぱいに描かれている。大きな花や小さな花，咲いたばかりの花，咲いて時間が過ぎた花など時間をかけて鑑賞をすれば，たくさんの発見がある作品である。

　中学1年生は鑑賞経験が少ないが，この作品は素直に興味をもって観察することができる。見れば見るほど新しい発見があるこの作品を鑑賞することで，鑑賞をすることの楽しさを味わわせることをねらった題材。

🕐 時間：1時間完了

1 目　標

・作者の心情や表現の意図，工夫などについて理解することができる。　　　　（知識及び技能）

・造形的なよさや美しさ，作者の思いや表現の工夫を感じ取り，自分の考えをもって味わうことができる。　　　　　　　　　　　　　　　　　　　（思考力，判断力，表現性等）

・様々な花の表現のよさや美しさ，作者の思いや表現の工夫などに関心をもち，主体的に感じ方を広げようとする。　　　　　　　　　　　　　　（学びに向かう力，人間性等）

2 準備物等

教師：「ひまわりの咲く農家の庭」生徒用資料，
　　　「ひまわりの咲く農家の庭」黒板掲示用，鑑賞シート（p125参照）

3 評価シート 花の生命

評価項目	評価場面	評価規準	評価
知識・技能	②④	クリムトの心情や表現の意図，工夫などについて理解することができる。	
思考・判断・表現	①④	よく作品を観察し，構図や配色，表現の工夫に気付き，隅々まで作品を捉えることができる。	
	①	見つけた作品の特徴から，美しさや作者の心情や意図を感じ取り，自分の思いや考えをもって味わうことができる。	
主体的に学習に取り組む態度	①②④	作品の表現の美しさやよさ，表現の工夫や作者の意図を主体的に感じ取ろうとしている。	
	①	見つけた作品の特徴を発表したり，他の意見を聞いて考えを深めたりしようとしている。	

✐ 授業づくりのアドバイス

　作品に表現されている花々は，種類も違えば勢いも違います。生徒たちの様子を見ると人間に例えて鑑賞する生徒が多かったです。「人に例えるとひまわりは，リーダー的存在」などとイメージを膨らませやすかったようです。

　発見したことを共有する場面では，教師も一緒に見方や感じ方を認めていくと生徒が喜びます。どんな見方でも，どんな感じ方でもよいのだと自信をもたせるためにも肯定的，共感的な反応をしてあげるといいです。

　指導のポイントとして以下の3点です。

・導入の段階では，生徒の第一印象を大切にする。どんな気付きも肯定的に受け止める。また，疑問に思ったことなども発表させる。

・気付いたことを書き出す場面では，画面全体や細部など，様々な視点で作品を見るように指示をするとともに，20分間としっかり時間を確保して行う。

・作者の思いを想像する場面では，生徒がこれまでに発見したことを使いながら，「どうして色や大きさ，形の違う花をかこうとしたのか」「作者はどんな思いをこの画面に込めたのか」などの発問をする。

　中学1年生にとって，1時間の中で名画に触れ，作者の思いを想像することは，絵画の見方を身に付けることができるとともに，美術作品に親しもうとする意欲をもたせることができると思います。

4 指導過程

①作品を見て感じたこと，思ったことを書こう（導入）

・一面花がいっぱいできれい

・明るく華やか

・ひまわりが堂々としている

・5から7色程度を混ぜてかいている

②作品について気付いたことをすべて書き出してみよう（鑑賞）

・ひまわりが咲いていて，ひまわりが咲いていないところは何十種類もの小さな花が咲いている

・昼間の様子がかかれている

・色鮮やか

・ひまわりが束のように咲いている

・元気な花やしぼんだ花がある

・色の数はそれほど多くない（5色ぐらい）

・元気なひまわりには白が使われている

・たくさんの花がかかれていて，屋内か屋外か分からない

・一つひとつ花びらのかき方が違う

③見つけたものを発表しよう（鑑賞）

④この作品に込められた作者の思いを想像してみよう（まとめ）

・色や大小，形の違う花をかくことで個性の尊重を表現している

・自然の豊かさや生命力を表現している

・人々の心情を表現している。いろいろな花の色はうれしさや悲しさを表現している

・支え合うことの大切さを表現している

➡ 指導ポイント①

・第一印象について，生徒を指名して発言させ，どの意見も肯定的に受け止める

・印象とは好きなところだけではなく，好きではないところ，疑問をもったところも大切だと伝える

・記入の形式は文書でも箇条書きでもよい

・記入時間は3分

➡ 指導ポイント②

・作家は表現したいものを画面にかいている。どんなものも作家の思いが詰まっている。発見したものを言葉にする過程で，作品を深く観察させたい

・作品を知らない人にすべてを伝えるつもりで言葉にする。見ればすぐ分かると思うものも人によっては気付かないかもしれない。また，雰囲気なども言葉にするとよいと伝える

・記入時間は20分

➡ 指導ポイント③

・発見したものを発言させ，黒板に板書する

・見つけたものを全体で共有することで作者の思いを考える材料にする

➡ 指導ポイント④

・発見したことから作者の思いを想像させる

・記入時間は10分

・全体で意見交換をする

（小手川 幸子）

鑑賞シート

鑑賞「花の生命」

たくさんの植物が画面いっぱいに咲き誇っています。どの植物も一つひとつ個性的ですね。どのように表現されているのかよく観察してみましょう。また，この作品に込められた作者の思いを想像してみましょう。

※箇条書きでもよいです。また文章で表現しにくい場合はイラストを入れてもよいです。

作品名	作者名：
ひまわりの咲く農家の庭	グスタフ・クリムト

鑑賞文

①作品を見て感じたこと，思ったことを書きましょう。

②作品について気付いたことを全て書き出してみましょう。

③この作品に込められた作者の思いを想像してみましょう。（理由も書きましょう）

1年　　組　　番　氏名

29 浮世絵って何？浮世絵の真実を明かせ！

📖 題材の紹介

葛飾北斎の浮世絵『神奈川沖波裏』（以降『波裏』）の一部分を隠した作品を全体に提示し，そこに何がかかれていたかを考える。作品の中にかかれたものやかかれ方には意味があることを知り，ここから浮世絵カードを使ってグループ鑑賞をする。作品の特徴を見つけ，最後は作者分けをゲーム感覚で楽しめる題材。

『神奈川沖波裏』葛飾北斎

⏰ 時間：6時間完了

1 目 標

・色彩の鮮やかさや大胆な構図が浮世絵の魅力でありおもしろさであることを知り，浮世絵が木版画であることを理解することができる。　　　　　　　　　　　（知識及び技能）
・浮世絵にかかれたものの意図やかかれ方の特徴を見つけ，作者により作風に違いがあることについて考えることができる。　　　　　　　　　（思考力，判断力，表現力等）
・木版画のよさや美しさを味わい，版画としての浮世絵作品を主体的に鑑賞しようとする。

（学びに向かう力，人間性等）

2 準備物等

教師：提示用拡大作品『波裏』2枚（1枚は一部分を隠した作品），ワークシート（鑑賞），掲示用浮世絵作品10点（北斎，広重，歌麿，写楽），ハガキ版の浮世絵カード（10枚×班），学習プリント（浮世絵のまとめ），授業感想用紙，TVモニター（電子黒板）

針仕事　　北國五色墨 切の娘

3 評価シート 浮世絵って何？浮世絵の真実を明かせ！

評価項目	評価場面	評価規準	評価
知識・技能	①③	色彩の鮮やかさや大胆な構図が，浮世絵のおもしろさであることを理解することができる。	
	⑥	学習プリントを見て，時代背景，制作工程，代表的な作品について知り，浮世絵が木版画であることを理解することができる。	
思考・判断・表現	①②	例えば，「波が大きい」と思ったのは富士山が小さくかかれて比較できたなど，かかれたものから分かることを考えることができる。	
	④⑤	グループ内鑑賞により，作品の特徴を見つけ，作者によって作風に違いがあることについて考えることができる。	
主体的に学習に取り組む態度	⑦	本時の感想から，浮世絵が版画であること，分業制だったこと，時代を反映していたこと等に興味をもち，主体的に鑑賞しようとしている。	

✎ 授業づくりのアドバイス

　この題材は，単独の鑑賞学習としてだけでなく，木版画制作の鑑賞として位置づけすることもできます。作品を見てよさや美しさなどを個人で感じ取るだけでなく，他の生徒と共有し味わう活動にしたいと考えました。

　本題材の指導で特に強調したいことは，以下の３点です。

・誰もが目にしたことのある１枚の作品を取り上げ，全体で鑑賞することにより，作品をじっくりと見て考えるといった鑑賞の仕方を体感させることができる。

・形や色彩，材料などの性質やイメージ（共通事項）を視点として与えることで，言葉で伝え合う言語活動の充実を図ることができる。

・少人数でのゲーム形式を取り入れることで，受け身になることなく，楽しく主体的な鑑賞活動をすることができる。

　全体鑑賞では実物よりもやや大きい作品を準備し，グループ鑑賞では手に取って見入ることができるように，ハガキ大の作品を準備しました。それにより，細かいところまで発見がありました。その作品が木版画だと知ったときの生徒の驚きは大きく，浮世絵への興味，関心を高めるとともに，知識を獲得できる題材となるだろうと思います。

4 指導過程

<浮世絵のおもしろさに迫ろう>
①作品を見て，思ったことを伝え合おう

（導入）

・波が大きい

・水しぶきがすごい

・嵐みたい

・富士山が小さい

絵の一部を隠した『裏波』

・でも何か……

・舟には必死にこいでいる人がのっていると思う

・がんばって魚釣りをしていると思う

・波が大きいから船酔いしているんじゃ

②かかれたものから何が分かるか考えよう

（鑑賞）

・小舟があったほうが波が大きく揺れているのが伝わる

・小舟の先が上に上がっていて海が荒れているのが分かる

・人がかがみこんでいて，必死な感じがする

・日本一高い富士山が小さいから，波の大きさが強調されている

・富士山が小さいから遠近感があり，波が手前に襲ってくるような迫力がある

③作者がかきたかったことは何だろう

（鑑賞）

・舟や人，富士山などにしっかりと役割があり，紙一面すべてを使って，１つの作品を生み出している

・青色の面積を増やし，波の迫力を大きくして強調している

→ **指導ポイント①**

・絵の一部分を隠した（左の絵の○で囲んだ部分を隠す）作品『波裏』（北斎）を提示する

・作品に違和感を感じた内容の発言がない場合は，「絵から消したものがある」ことを補足する

Q1「この絵には足りないものがあります。何でしょう」— A. 人の乗った舟

・元の作品を提示し，何がかかれていたか，確認する

Q2「舟に乗っている人は，どのようにしているでしょう」

・舟に乗った人がどのようにしているかは，海が荒れ，大波に飲まれそうな様子に着目させる。— A. 舟から落とされないようにかがみこんでいる

・作品名と作者名を伝える

→ **指導ポイント②**

・ワークシートを用意し，はじめに思ったことの理由を書くようにさせる。例えば，「波が大きい」と思ったのはなぜかなど

・理由の書けない生徒には，「もし，富士山もなかったら」と言葉をかけ，大きさの違いにも気付かせる

・生徒の発言後，もう一度書く時間を設定する

→ **指導ポイント③**

・浮世絵のおもしろさである色彩と構図についての説明をする

・絵の構図や，他の生徒の発言から，作品の主題を考えることができたか評価する

＜浮世絵の秘密を暴こう＞

④浮世絵カードで作品の特徴を見つけよう

（鑑賞）

- ・木が大きい
- ・赤色のグラデーション
- ・赤と緑の補色使い
- ・木の向こうに人がいる
- ・字が書いてある
- ・人が小さいから遠近感が
  ある

浮世絵作品

⑤作者あてクイズに挑戦しよう（鑑賞）

- ・浮世絵カードを，同じ作者の作品と思うものごとにグループ分けをする
- ・同じ作者だと思う根拠を発表する
- ・作者の紹介を聞き，作品の確認をする

⑥浮世絵の秘密を知ろう（鑑賞）

- ・浮世絵は絵ではなく版画だという最大の秘密を知る
- ・作者は絵師，他に彫り師，刷り師がいて，分業制だったしくみを知る

⑦感想を発表しよう（まとめ）

- ・細かくて版画とは思えない。すごく手間がかかりそうだと思った
- ・浮世絵は版画に見えなくて驚いた。じっくり見てみると，意外と分かることもあって，たくさんの発見があった
- ・やっぱり版画でかいているとは思えなかった。想像力とか表現力は，江戸の時代の人はすごく優れていたから，あんな版画ができたんだと思った
- ・作者それぞれにかき方や色の使い方が全然違ってすごいなと思った。たくさん秘密を見つけるために，絵を見入るので，とても勉強になった

→ 指導ポイント④

[ゲームのルール]

①浮世絵カードを裏返し，山にする

②山札から１枚を表にし，作品に何がかかれているか見つけたことを１人１つずつ順番に言う（このとき，他の子はいちいち声を出して反応すること）

③言うことに詰ったり，カードを替えたりしたいときは，「チェンジ」と言い，次のカードに進む

- ・次のポイントを黒板に示す。「かかれたもの」「色や色合い」「大きさ，位置，形などの構図」「時間や季節」「様子や雰囲気」

→ 指導ポイント⑤

- ・教師が作者のプロフィールや作風を紹介する。以下，紹介の例
  「私が浮世絵をかいたのは，わずか９カ月です。私は，当時人気のあった役者の顔をよくかきました。……」など
- ・作品のグループ分けから，作風の違いに気付くことができたかを評価する

→ 指導ポイント⑥

- ・学習プリントを配付し，時代背景，制作工程，代表的な作品について解説する
- ・カードに入ってなかった鈴木春信，菱川師宣らの作品をモニターで提示し，簡単に補足説明する

→ 指導のポイント⑦

- ・本時の感想から，浮世絵が版画であること，分業制だったこと，時代を反映していたこと等に興味をもって，主体的に鑑賞できたかを評価する

（原田 美和子）

30 ○○さんのことを友人に紹介しよう！

📖 題材の紹介

普段使用している美術資料集の中から，自分が気になる作品や作家，見たことはあるが詳しくは知らない作品や作家を選び，それについて調べてまとめ，友人と紹介し合う。友人と共有することで，作品のよさを感じたり，新たな見方や感じ方を学んだりすることのできる題材。

<簡単なプロセス>
①教科書や美術資料集に掲載されているものから，自分が「よい」「素敵である」などと感じた作品や作家を選ぶ
②選んだ作品や作家について調べる
③発表できるようにまとめる
④友人と調べたことについて発表し合い，展示して鑑賞をする

🕐 時間：4時間完了

1 目標

・作家の人生や作品を深く知ることで，作品に込められた思いや作者独自の視点を学び取り，造形的な特徴を理解することができる。　　　　　　　　　　　　　　（知識及び技能）

・得られた学びから，作品や作者のよさを友人に紹介することができる。

（思考力，判断力，表現力等）

・他者との関わりの中で，作品や作者について新たな気付きを発見しようとする。

（学びに向かう力，人間性等）

2 準備物等

教師：教科書や美術資料集，調べたことをまとめるための紙（八つ切画用紙やA4サイズの用紙がよい），色ペンや色鉛筆

3 評価シート ○○さんのことを友人に紹介しよう！

評価項目	評価場面	評価規準	評価
知識・技能	①～③	作品に込められた作者の思いや作者独自の視点を学び，造形的な特徴を理解することができる。	
思考・判断・表現	③④	作品や作家について調べて得た学びを，友人と紹介し合い，様々な考えに触れ，見方や感じ方を広げることができる。	
主体的に学習に取り組む態度	④	他者との関わりの中で，作品や作者について新たな気付きを発見しようとしている。	

✐ 授業づくりのアドバイス

　美術史の学習や美術作品の鑑賞活動を，苦手と感じている生徒は，残念ながら少なくありません。しかし，先人の考え方や作品への思いを知ることで，新しい発見があったり，今後の自分自身の生き方のヒントになったりすることもあると思います。また，様々な美術文化を学び，よさを知ることで，自身の表現に生かすこともできます。中学1年生の段階では，教科書や資料集から，ゴッホやピカソなど生徒にとって親しみのある著名な作家や作品に絞って調べ学習をさせるとよいと思います。本題材で1年生から鑑賞の経験を積み，見方や感じ方を広げることで，写真で紹介したようなまとめができるようになり，3年間の美術の学びが豊かになります。

　今回の実践では，画用紙にまとめ，美術室等に掲示しながら，お互いに鑑賞できるようにしました。しかし，国のGIGAスクール構想により，現在は各学校でICT等の教育環境も進んでいます。中にはすでに1人1台端末の環境が整っている学校もあります。こうした学校では，端末機器にあるソフト等を利用して画像編集等が容易にできるようになっています。また，世の中にはバーチャルな世界であたかも有名な美術館にいるような体験もできます。生徒たち自らが美術館長となり絵画等を収蔵する「オリジナル美術館をつくってみよう」などの実践もできるでしょう。また，美術館に出かけると，必ず音声案内による作品説明があります。こうした方法も新たに取り入れながら，自分らしい作品紹介の実践ができれば，発表会等に多くの時間を使うことも少なくない授業の中で多くの作品に触れる鑑賞会が実現するのではないでしょうか。生徒にとって楽しい鑑賞活動を行う意味でも，これから進む教育環境の充実は，新たな授業展開につながっていくと思います。

　教師自身もまだまだ勉強不足ではありますが，本題材を通して，生徒たちとともに見方や感じ方を広げ，学びを深めることができました。

4 指導過程

①教科書や資料集を見て素敵だなと感じたお気に入り作品や作家を見つけてみよう！

（導入）

・教科書や資料集を見て探すぞ
・作品の模写をしてみよう

② 作品・作者調べをしよう！（調べ学習）

・パソコン室やタブレットで調べよう

・図書室の本も参考になるね
・調べたことをメモしておこう

③ 調べたことをまとめよう！（まとめ）

・レイアウトを考えて画用紙にまとめよう

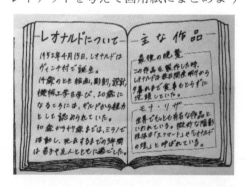

→ 指導ポイント①

・なぜ気に入ったのか，自分の言葉で理由を述べることができるようにしたい
・作品の模写なども行い，よりじっくりと鑑賞できるようにする

→ 指導ポイント②

・調べるポイントを絞るよう指示する
◆作者の名前
◆作品について
◆作者の生い立ち
◆作者の人間関係
◆作者が残した名言
◆作者の似顔絵
◆なぜこの作者，作品を選んだのか
◆感想
　生徒たちが調べ学習に困らないように，以上のような学びのポイントを事前に伝えておく
・どのような文献を活用したか記録しておくとよい

→ 指導ポイント③

・まとめ方の参考になるようなポスターや広告を見せてもよい。ただし，美しくまとめることだけが重要というわけではないことを伝える
・ワークシートを用意してもよい。各自で自由にまとめたり，教師が用意した指定のワークシートにまとめたりするなど各学年，学級の実態に合わせて対応する

④友人と調べたことを紹介し合おう！

（展開）

・〇〇さんの調べた△△の作品に興味をもった

・〇〇の作者の工夫したところが見えたよ

・〇〇君の考えから新しい発見があった

・友人から何を学んだかをメモしておこう

・学びを授業記録にもまとめておこう

➡ 指導のポイント④

・席を自由に移動することに慣れていない場合は，席の隣同士などでもよい

・調べた人物が同じ場合でも友人と紹介し合うことで，さらに学びが深くなる

・まとめた用紙を，美術室や学年掲示板などに掲示すると，より多くの友人と共有できる

（太田 真喜）

〈中学３年生がまとめたワークシート〉

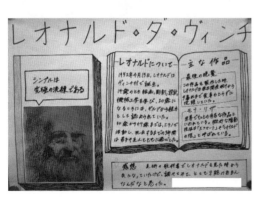

写真は，中学３年生で同じ実践を行った時のまとめです。３年生ということもあり，各自で調べたい作家を選んでいました。自分の好きな作家や作品を紹介し合い，楽しそうに活動する姿が印象的でした。

31 そうだ！美術館へ行こう！

📖 題材の紹介

実際に美術館に足を運び，本物の美術作品と出会うことで，鑑賞の関心を高めていく。味わった感動や感じ取ったことを互いに伝え合う場を設定することで，見方や感じ方を広げることのできる題材。

完成したレポート

⏱ 時間：4時間完了

1 目標

・自分が味わった感動や感じ取ったことを，レタリングや配色，レイアウトなどの既習事項を生かして，見やすく魅力的なレポートにまとめることができる。　　　　　　　（知識及び技能）
・美術作品と素直に向き合い，感性や想像力を働かせて，そのよさや美しさを楽しみ味わいながら，美術作品に対する見方や感じ方を広げることができる。**（思考力，判断力，表現力等）**
・美術作品の造形的なよさや美しさ，作者の意図と表現の工夫など，自分が味わった感動や感じ取ったことを仲間と伝え合い，見方や感じ方を広げることができる。

（思考力，判断力，表現力等）

・美術作品へ興味をもち，自分が味わった感動や感じ取ったことを仲間と伝え合う活動に意欲的に取り組もうとしている。　　　　　　　　　　　　**（学びに向かう力，人間性等）**

2 準備物等

教師：美術館に関する自作のパワーポイント（愛知県美術館（インスタレーション），徳川美術館（日本美術），彫刻の森美術館（彫刻），ダリ美術館（西洋美術）など教師が実際に足を運んだ，いろいろなジャンルの美術館の写真を紹介），美術館での過ごし方・マナーに関する自作の間違い探し（右の図参照），複製画，複製品（日本画，西洋画，立体作品などいろいろなジャンルの作品を，美術館に見立てて美術室に展示しておく），いろいろな美術館の企画展パンフレット（ジャンルが偏らないように10種類程度），ホワイトボード，実物投影機

自作の間違い探し

生徒：ワークシート（鑑賞法をまとめる），レポート用のケントボード

③ 評価シート　そうだ！美術館へ行こう！

評価項目	評価場面	評価規準	評価
知識・技能	④	レタリングや配色，レイアウトなどの既習事項を生かして，見やすく魅力的なレポートをまとめることができる。	
思考・判断・表現	⑤	感性や想像力を働かせて，美術作品のよさや美しさを味わいながら，見方や感じ方を広げることができる。また，感じ取ったことを仲間と伝え合い，見方や感じ方を広げることができる。	
主体的に学習に取り組む態度	②⑤	美術作品へ興味をもち，感じ取ったことを仲間と伝え合う活動に意欲的に取り組もうとしている。	

✎ 授業づくりのアドバイス

　本題材は，「美術館へ行ってみたいと思っても，行き方や過ごし方が分からない」，「敷居が高くて，入るのをためらってしまう」，「鑑賞は作品をただ見ているだけで，おもしろくなさそう」「作品の見方が分からない」など，美術館へなかなか足が向かない生徒，鑑賞が苦手な生徒の声を受けて実践することとなりました。どの生徒も，導入の授業や調べ学習を進めていくうちに，「この美術館に行ってみたい」「この美術作品を実際に見てみたい」と自分なりに興味をもてる美術館・美術作品について，主体的に追求する姿が見られました。また，味わった感動や感じ取ったことを伝え合う活動を通して，「こんな作品があるのか」「同じ美術館に行っても感じ取ったことが違うのか」など，互いに新しい発見をし，見方や感じ方を広げる姿が見られました。鑑賞活動は後の表現活動にもつながっていきますので，中学１年生におすすめの題材です。

　指導で私が気を付けていたことは，主に以下の４点です。

・生徒のイメージする美術館の固定観念を取り払えるように，いろいろなジャンルの美術館，美術作品を取り扱う。

・美術室を美術館に見立て，実際の美術館を想起させやすくする。

・自分たちで鑑賞の仕方を考えさせることで，鑑賞に対する主体的な姿勢を育む。

・美術館，美術作品の魅力を伝えるレポートの書き方，プレゼンテーションの仕方を指導，支援する。

　鑑賞が苦手だった生徒たちも，終始楽しみながら活動に取り組むことができ，鑑賞に対する意識がみるみる変わっていきます。生徒同士だけでなく，教師にとってもたくさんの発見がある題材です。ぜひ，実践してみて下さい。

4 指導過程

①美術館はどのようなところだろう？
　（導入：美術館での過ごし方やマナー，鑑賞の仕方について考える）
・いろいろな美術館があっておもしろい
・美術館では，騒いだり，作品に触れたりしてはいけないことが分かった
・作品を近くで見たり，遠くで見たり，いろいろな見方をすることが大事なんだ
・美術館が身近に感じられた。あの美術館なら行ってみたいな

②美術館に行くための計画を立てよう
　（調べ学習：インターネットや実物のパンフレットを活用して学習）
・名古屋市美術館は，おもしろそうな展覧会をやっているよ
・絵画もよいけど，彫刻も見てみたいな。豊田市美術館で彫刻が見られることが分かったので，行き方を調べてみよう
・実際に体験できるアートもあるんだ
・美術館によって，扱っている作品のジャンルが全然違っていて驚いた。刀やアニメを取り扱っている美術館まであるぞ

③実際に美術館へ行ってみよう
　　　　　　　　　（鑑賞：本物に出会う）
・授業で学習した美術館でのマナー，鑑賞の仕方を生かして作品を味わうことができた
・ジャコメッティの作品は，すごく細長い人間ばかりだったのはなぜだろう？寂しい気持ちを表しているのかな？
・徳川美術館には日本の歴史を感じられるものがたくさんあった。中でも実際に昔の人が使用していた婚礼の道具が美しかった

→ 指導ポイント①
・教師の体験談を交えて，いろいろな美術館を画像で紹介することで，生徒の「美術館へ行ってみたい」という意欲を高める
・美術館に関する間違い探しや複製画，DVDなどを活用することで，美術館での過ごし方やマナー，鑑賞の仕方を楽しく学習できるようにする
・活動の中で自分の考えを仲間と伝え合う場を設定し，見方や感じ方を広げさせる

複製画を鑑賞している様子

→ 指導ポイント②
・いろいろなジャンルの美術館，展覧会があることを紹介し，長期休暇中に自分で行きたいと思える美術館を探させる

→ 指導ポイント③
・生徒たちが自ら考えた鑑賞法を活用できるようなワークシートを準備し，作品をじっくり楽しんだり，深く考えたりできるようにする

・美術作品は写真でしか見たことがなかった
けど，実物を見ないと気付けないことがた
くさんあった。実物を見て，いろいろ想像
するのも楽しかった

④レポートを作成しよう

（まとめ：既習事項を生かして，見やすく
魅力的なレポートを作成）

・見やすいように見出しをゴシック体にしよう

・美術館の和の雰囲気に合わせて筆ペンを使
ってみようかな

・お気に入りの作品は写真をのせてみんなに
も見てもらおう

・項目ごとに吹き出しを使い，分かりやすく
まとめよう

・美術館の雰囲気に合わせて，配色を決めよ
う

⑤美術館で味わった感動や感じ取ったことが
仲間に伝わるようにプレゼンテーションし
よう（発表：見方や感じ方を広げる）

・今までは美術館に全然興味がなかったけれ
ど，みんなのプレゼンテーションを聞いて，
いろいろな企画展示があることが分かった。
もっと，たくさんの作品を見に行きたいと
思った

・美術館に行く前は，ただ昔のものが置いて
あるだけとしか思わなかったけど，作品の
ことを調べたり，実物を見たりしたことで，
作品の歴史や価値が分かり，見方が変わっ
た

・○○さんと同じ美術館へ行ったけれど，私
と感じ取ったことが違っていて驚いた。同
じ美術館へ行ったり，同じ作品を見たりし
ても，いろいろな感じ方があることが分か
っておもしろかった

<作品の中の世界>
□何が登場しているか探す
□作品の主役と脇役を探して，物語を考える
□作品に登場する人物の表情を見て，気持ちやセリフを考える
□作品の中に入りこんでみる
<作品の○○なところ>
□作品のよい・好きなところを探す
□作品の不思議なところを探す
□「なんでやねん」と突っ込みを入れてみる
<作者に絡めて>
□作者の気持ちや伝えたいことを想像する
□作者になりきってみる
□自分が作者だったら何を描き足すか，変えるか
<作品のかき方>
□色づかいや色の数
□筆のタッチ
<比較>
□同じ作者の作品同士を比べる
□他の似た絵と比べる

生徒が自ら考えた鑑賞法の一部

➡ 指導ポイント④

・参考作品をいくつか提示し，完成までの見
通しをもたせる

・レタリングや配色，レイアウトについてな
どの既習事項を確認し，見やすく魅力的な
レポートになるように指導する

➡ 指導ポイント⑤

・実物投影機を活用したプレゼンテーション
の場を設定する。その後，意見交流をする
ことで，見方や感じ方を広げさせる

・題材終了後，校内に全員のレポートを展示
することで，さらに美術館や美術作品に対
する生徒の関心を高めていく　（山本　真希）

レポート展示の様子

おわりに

1 未来を担う子どもたちのために

　成熟社会を迎えた我が国では，子どもたち一人ひとりが持続可能な社会の担い手として，多様性を受け止めながら，多面的多角的な視野をもち新たな価値を生み出していくことが期待されています。これまで産業で発展してきた愛知県ですが，今後はその殻を破って変化することが求められています。そこで，未来を担う子どもたちには，様々な変化と積極的に向き合い，情報を的確に取捨選択して行動する力を身に付けてほしいと願っています。また，愛知県の学校には多くの外国人児童生徒が在籍しており，今後も増加の一途をたどるといわれています。教師はこのような状況に臆することなく，多様性に触れるよい機会だと前向きに捉えて子どもを育てていきたいものです。美術科は多様性を送受信できる大切な教科です。中学校学習指導要領の全面実施を契機として，本書が未来を担う目の前の子ども一人ひとりをつぶさに見つめて授業を創る教師一人ひとりへの一助となることを願っています。

2 愛知県の造形教育の集大成

　私がこれまで美術教師を続けてこられたのは，たくさんの図画工作科・美術科の先生方と出会い，たくさん語り合う中で，たくさんの実践に触れる機会に恵まれたからです。造形教育の多様性に対応する教師になるために，そのような機会は必要不可欠です。しかし，昨今，図画工作科・美術科の教師は少なくなり，さらに働き方を見直す動きの中でその機会は減ってきています。そこで，本書をまとめることで，愛知の造形教育をたくさんの教師と共有したいと考えました。また，本書が他校・他地域の多様な実践に触れる機会となることで，造形教育を担う全国の教師を元気にしたいと思いました。本書は愛知県全域の教師と子どもたちが，思いを込めて創り上げた実践の集大成です。授業づくりに行き詰まった先生，特に経験の少ない若い先生が，本書の実践事例に触れることで，授業の方向性を固めたり，実践事例を参考に指導案をつくってもらったりしていただけたら幸いです。

　図画工作科・美術科は児童生徒の感性を培う重要な教科です。感性は一人ひとりの子どもの中にあります。目の前の子どもたちのことを一番知っている一人ひとりの先生が，子どもたちが豊かに学べる図画工作科・美術科の授業を考えることが何よりも大切です。本書を手に取ってくださった先生から，多様な授業実践がさらに広がっていくことを期待しています。

編者

執筆者一覧

竹井　　　史　　同志社女子大学
中村　　僚志　　刈谷市立刈谷南中学校
牛山　　晴登　　愛知県教育委員会
寺田　　眞一　　元武豊町立富貴小学校
櫛野　　欧文　　稲沢市立祖父江中学校
熊倉　　武司　　知立市立知立中学校
石原　　　恵　　半田市立亀崎中学校
吉川　　友行　　名古屋市立原中学校
片山　智代江　　知多市立新田小学校
井端　　薫子　　知立市立知立南中学校
國宗　　勝利　　稲沢市立稲沢東小学校
成田　　絢香　　岡崎市立矢作北中学校
谷口　　恵子　　豊橋市五並中学校
鈴木　　悠人　　豊橋市立吉田方中学校
浅川　　歩美　　豊橋市立東陽中学校
川西　由里子　　豊橋市立幸小学校
横山　　　治　　半田市立板山小学校
七澤　秀一郎　　岩倉市立岩倉中学校
小西　　博雄　　知多市立東部中学校
喜多　　　光　　常滑市立常滑東小学校
小笠原久美子　　稲沢市立大里東中学校
森本　　都美　　岡崎市立甲山中学校
大竹　　真智　　江南市立北部中学校
安孫子　夏代　　大口町立大口中学校
太澤　あやこ　　豊橋市立二川南小学校
大竹　紗弥加　　岡崎市立形埜小学校
後藤　　美穂　　知立市竜北中学校
纐纈　　彩香　　半田市立乙川中学校
小手川　幸子　　東海市立加木屋中学校
原田　美和子　　幸田町立幸田小学校
太田　　真喜　　岡崎市立竜海中学校
山本　　真希　　刈谷市立雁が音中学校

【監修者紹介】

竹井　史（たけい　ひとし）

同志社女子大学現代社会学部現代こども学科教授。筑波大学人間総合科学研究科後期博士課程満期退学。愛知教育大学創造科学系教授，同附属名古屋小学校長などを経て現職。専門は，美術教育学。文部科学省「図画工作科で扱う材料や用具」作成協力者。図画工作科教科書(日本文教出版)企画及び著者など。

中村　僚志（なかむら　りょうじ）

愛知教育大学大学院を修了後，昭和61年4月より刈谷市立小中学校に勤務。平成17年から5年間，愛知教育大学附属岡崎小学校に勤務。刈谷市教育研究会造形部部長，三河教育研究会副部長，愛知県造形教育研究会会長などを勤め，現在は刈谷市立刈谷南中学校に勤務。

【編著者紹介】

牛山　晴登（うしやま　はると）

愛知教育大学を卒業後，平成9年4月より刈谷市立小中学校に勤務。平成24年に上越教育大学大学院で修士号を取得。刈谷市教科指導委員などを勤めた後，平成28年から3年間，文部科学省国立教育政策研究所に勤務。現在は愛知県教育委員会西三河教育事務所に勤務。

寺田　眞一（てらだ　しんいち）

元愛知県造形教育研究会副会長，元武豊町立富貴小学校長。地元武豊町をはじめ，愛知県内の造形教育の推進に寄与する。令和元年度末に退職。

指導から評価まですべてが分かる！
新学習指導要領対応
中学校美術テッパン題材モデル　第1学年

2021年7月初版第1刷刊 ©監　修　竹井　史・中村　僚志
　　　　　　　　　　　編著者　中村　僚志・牛山　晴登・寺田　眞一
　　　　　　　　　　　著　者　愛知県造形教育研究会
　　　　　　　　　　　発行者　藤　原　光　政
　　　　　　　　　　　発行所　明治図書出版株式会社
　　　　　　　　　　　http://www.meijitosho.co.jp
　　　　　　　　　　　(企画)木村　悠 (校正)川上　萌
　　　　　　　　　　　〒114-0023　東京都北区滝野川7-46-1
　　　　　　　　　　　振替00160-5-151318　電話03(5907)6703
　　　　　　　　　　　ご注文窓口　電話03(5907)6668

＊検印省略　　　　組版所 株式会社木元省美堂

Printed in Japan　　　ISBN978-4-18-356110-7
もれなくクーポンがもらえる！読者アンケートはこちらから→